**Karl Korinek · Der Onkel Julius**

W0236303

# Der Onkel Julius

## oder
## Der Wiederaufbau Österreichs in Anekdoten

von
### *Karl Korinek*

### Zeichnungen von Ironimus

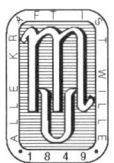

Wien 2005
Manzsche Verlags- und Universitätsbuchhandlung

ISBN 3-214-00645-2

© 2005 MANZ'sche Verlags- und Universitätsbuchhandlung GmbH, Wien
Telefon: (01) 531 61 – 0
E-Mail: verlag@MANZ.at
World Wide Web: www.MANZ.at
Druck: Novographic, 1230 Wien

# Inhaltsverzeichnis

# Soll ich überhaupt ...

... ein solches Buch mit Anekdoten – oder wie man in Wien sagt: G'schichterln – über die Zeit des Wiederaufbaus Österreichs nach dem Ende des Zweiten Weltkrieges, über die ersten Jahre der so genannten Zweiten Republik schreiben?

Nach mehrmaligem Überlegen, nach Phasen der Unschlüssigkeit und des Abwägens, habe ich mich, wie der geneigte Leser spätestens zu dem Zeitpunkt gemerkt hat, als er sich entschied, das Buch zu kaufen, doch dazu entschlossen. Dazu haben mich – so schreibt der Verfassungsgerichtshof in seinen Beschlüssen häufig – „folgende Erwägungen bestimmt":

Oft habe ich in meinem Leben G'schichterln und Anekdoten erzählt, etwa um meinen Kindern die jüngere Geschichte Österreichs und insbesondere die Persönlichkeiten, die sie gestaltet haben, zu illustrieren. Aber auch, um in Gesprächen mit guten Freunden ein „Apropos" anzubringen, das, auch wenn's primär lustig ist, zum Nachdenken animieren soll.

Ich hatte das Glück, dass mich seinerzeit meine Eltern, die mit wichtigen Persönlichkeiten der Politik und der Wirtschaft bekannt waren, von klein auf zu diversen Besuchen oder Veranstaltungen mitnahmen. So durfte ich Persönlichkeiten wie Leopold Figl, Julius Raab, Reinhard Kamitz, Bruno Pittermann, Franz Olah, Bruno Kreisky, den „alten" Josef Krainer und Heinrich Gleißner, aber auch den Altbundeskanzler Kurt Schuschnigg persönlich kennen lernen. Außerdem erzählte mein Vater selbst gerne. Die vielen Erinnerungen an das von ihm Gehörte und das von mir selbst Erlebte werden durch persönliche Begegnungen, die sich in späteren Jahren mit diesen und vielen anderen Persönlichkeiten ergaben, ergänzt und abgerundet.

Hier begannen jedoch bereits die Zweifel an der Legitimation zur Erarbeitung dieses Buches: Kann man noch auseinander halten, was Begegnung mit dem Buben war, was Erzählung der Eltern oder was persönliches Gespräch oder Erleben des schon Erwachsenen? Sind die Erinnerungen alle zutreffend im Gedächtnis verblieben?

Ungeachtet dieser Zweifel haben mich viele Freunde immer wieder ermuntert, meine Erzählungen aufzuschreiben. Auch wenn es nur ein höchst unvollständiges Mosaik sei, dessen Steinchen aus verschiedenen Quellen stammen mögen – es gehe ja nicht um eine wissenschaftlich-historische Abhandlung, sondern darum, mithilfe einiger Geschichten ein Kapitel der österreichischen Zeitgeschichte zu beleuchten, während dessen sich das neue Österreich entwickelt hat.

Kaum hatten diese Argumente meine Zweifel verdrängt, meldete sich meine Mutter zu Wort. Sie war strikt gegen ein solches Buch. Es seien so viele persönliche Dinge dabei, die man nur richtig verstehen könne, wenn man das Umfeld und die Persönlichkeiten kenne; und überhaupt sei etwas so Persönliches nicht für die Öffentlichkeit bestimmt. Und dann erinnerte ich mich an die Kritik meines Vaters am Memoirenbuch eines Politikers, die er ungefähr so zusammenfasste: „Wenn man Memoiren schreibt, muss man entweder soviel weglassen, dass sie uninteressant werden, oder man muss Dinge schreiben, die man unter der unausgesprochenen Voraussetzung erfahren oder gehört hat, dass sie nicht veröffentlicht werden." (Im konkreten Fall war er übrigens der Meinung, dass der erste der beiden Sachverhalte vorlag; über welches Buch er diese Meinung geäußert hat, verschweige ich, denn damit würde ich den anderen Aspekt des Gebotes verletzen.) Aber, ist dem zu entgegnen, es geht ja nicht um Memoiren, sondern eben um G'schichterln.

Den Ausschlag gab schließlich die Antwort auf eine Interviewfrage: Im Frühjahr 2003 war ich Gast in der Ö1-Sendereihe „Klassik-Treffpunkt", und gegen Ende der Sendung fragte mich Otto Brusatti, ob ich – so ganz außerhalb meiner beruflichen Tätigkeiten – nicht einen Wunsch hätte, etwas zu gestalten oder eine bestimmte Vorstellung zu realisieren. Ich antwortete spontan darauf, dass ich mir schon oft überlegt hätte, ein Buch zu schreiben, in dem ich den Wiederaufbau Österreichs nach der Befreiung von der Nazi-Herrschaft in Anekdoten und Geschichten beschreibe und dass ich gerne mit Lesungen aus diesem Buch durch Österreich „tingeln" würde, und sagte – die Vorbilder unverschämt hoch ansetzend –: „So eine Mischung aus Friedrich Torberg und Otto Schenk."

Die Reaktion Brusattis war überraschend positiv, und die Rückmeldungen, die ich in den nächsten Tagen erhalten habe, waren es auch. Das hat schließlich den Ausschlag gegeben. In ganz besonderer Weise hat mich Christoph Leitl – einer der Nachfolger Julius Raabs als Präsident des Wirtschaftsbundes und der Wirtschaftskammer Österreich – angespornt, das Projekt zu realisieren, wohl ahnend, dass vor dem Hintergrund der Freundschaft meiner Eltern zu Julius Raab und meiner Bekanntschaft mit ihm ein Gutteil der G'schichterln im Buch diesem großen Österreicher gewidmet sein würden.

Das Ergebnis liegt nun vor Ihnen. Nehmen Sie es bitte, wie es gemeint ist: als den ehrlichen Versuch, mit Hilfe von selbst erlebten oder von meinen Eltern oder guten Bekannten berichteten Episoden einen Blick in die Jahrzehnte zu werfen, in denen Österreich zuerst von den Nazis besetzt war, dann befreit wurde und sich schließlich seine staatliche Selbstständigkeit wieder erkämpfte, die Wirtschaft wieder aufbaute und sich ordnete. Und verzeihen Sie es dem Autor, wenn er nur die „subjektive Wahrheit" referieren kann:

Denn dieses Buch ist – „naturgemäß", hätte Thomas Bernhard gesagt – ein subjektives Buch, und das in mehrfachem Sinn: Subjektiv schon einmal dadurch, dass die Anekdoten darin solche sind, die der Chronist miterlebt oder direkt und persönlich erzählt bekommen hat; weiters, weil es die Anekdoten so wiedergibt, wie es meiner „subjektiven Wahrheit" entspricht. Ich will und kann nur über das berichten, was sich in mein Gedächtnis eingeprägt hat; wie jeder Mensch habe auch ich selektiv wahrgenommen, noch selektiver gespeichert. Ich bin zwar im Moment davon überzeugt, dass sich alles so zugetragen hat, wie ich es berichte – aber ob man sich das nicht im Laufe der Jahre und Jahrzehnte so zurechtgelegt hat? Ob nicht ein Detail anders war oder ob nicht ein Bruchstück einer Geschichte zu einer anderen gehört?

Vor allem aber ist dieses Buch subjektiv und persönlich, weil der Chronist von einer großen, wohl schon irrationalen Liebe zu Österreich motiviert ist und sich von dieser Liebe auch gar nicht frei machen will. Es ist die Liebe eines typischen Wieners, der gerne kritisiert, oder besser gesagt: nörgelt. Und der – und auch das ist natürlich höchst subjektiv – eine Freude daran hat, Geschichten so zu berichten, dass sie nachdenklich machen oder zum Lächeln anregen.

Ich versichere also meinen Leserinnen und Lesern: Dieses Buch ist in ehrlicher Absicht geschrieben; es soll darin nichts beschönigt oder gefärbt werden. Es soll aber – und auch darin ist das Buch subjektiv – sehr wohl bewertet werden. Denn es ging mir darum, nicht nur G'schichterln und Anekdoten aneinander zu reihen, sondern auch darum, Schlussfolgerungen aus ihnen zu ziehen, prägende Merkmale von Persönlichkeiten herauszuarbeiten und in manchen Fällen auch eigene Bewertungen formulieren zu können. Ich habe mich – das ist die Folge meiner jahrzehntelangen wissenschaftlichen und judikativen Tätigkeit – dabei bemüht, die Fakten und die Bewertungen streng auseinander zu halten, um Ihnen eine „kritische Lektüre" zu ermöglichen.

Unmittelbar nach meiner Promotion im Sommer 1963 schenkte mir Bruno Kreisky – damals Außenminister und mit seiner Frau zufällig zur selben Zeit und im selben Hotel wie ich auf Urlaub – ein von ihm verfasstes Büchlein über die europäische Integration mit einer persönlichen Widmung. Diese Widmung lautet: „Herrn Dr. Karl Korinek mit allen guten Wünschen zu seiner Promotion zur kritischen Lektüre, Bruno Kreisky." Es beeindruckte mich damals unerhört, dass eine bedeutende Persönlichkeit wie Bruno Kreisky einem jungen Menschen seine Arbeit „zur kritischen Lektüre" gab. Ich habe in späteren Jahren meine Mitarbeiter an der Universität und im Verfassungsgerichtshof gerade in Erinnerung an dieses Erlebnis immer wieder dazu ermuntert, das, was ich geschrieben habe, kritisch zu lesen und dann mit mir darüber zu diskutieren.

Wenn ich nun meinen geschätzten Leserinnen und Lesern dieses Buch zur Lektüre übergebe, hoffe ich, dass auch sie im besten Sinne „kritisch" sein möge.

# I. Auch schwere Zeiten haben ihre G'schichterln

Für jedes Ding auf der Welt gibt es eine bestimmte Zeit, heißt es im Buch Kohelet: eine Zeit, um geboren zu werden, und eine, um zu sterben; eine Zeit, um zu töten, und eine, um Leben zu retten; eine Zeit, um niederzureißen, und eine, um wieder aufzubauen.

Doch die Zeiten sind voneinander nicht streng getrennt. So gibt es schon während der Zeit der Zerstörung Gedanken an die Zeit des Wiederaufbaus und so gab es auch während der Nazizeit in Österreich Gedanken an ein Wiedererstehen Österreichs. Die Geschichte des Wiederaufbaus, über die ich in diesem Buch berichten möchte, muss daher schon zu dieser Zeit einsetzen. Denn die Grundhaltung jener, die nach dem Ende der Naziherrschaft Österreich wieder aufbauten, wurde während der Zeit der Unterdrückung und des Versuchs, Österreich, ja mehr noch: den Gedanken an Österreich auszulöschen, geboren.

Dieser Glaube an Österreich und an die Notwendigkeit seines Wiederaufbaus als gemeinsames Ziel wurde an verschiedenen Orten gepflegt: in den Konzentrationslagern entstand er als der „Geist der Lagerstraße"; in Gefängnissen und in Zirkeln organisierten Widerstandes, aber auch – und darüber möchte ich hier berichten – bei Zusammenkünften gleich gesinnter Menschen ging es letztlich immer darum. Dabei entwickelte sich die Überzeugung, dass ein Neuaufbau der

Republik Österreich nach Ende der Gewaltherrschaft nur gemeinsam erfolgen könne. Dieses Gemeinsame war das Bekenntnis zu Österreich, die Begeisterung für die Aufgabe, Österreich als selbstständigen und lebensfähigen Staat wieder herzustellen und die Fehler der Vergangenheit zu vermeiden. Es war der Glaube an dieses Österreich, der die Menschen unterschiedlichster Grundpositionen und Überzeugungen zusammenführte. In der Zeit der nationalsozialistischen Verfolgung war für diese Menschen das Bekenntnis zur österreichischen Nation das Einigende, Motivierende und Ermutigende. Der Begriff der österreichischen Nation stand geradezu als Kampfbegriff für die Wiedererrichtung unseres Staates.

Geschichten aus dieser Zeit kenne ich natürlich nur aus den Erzählungen meiner Eltern und ihrer Freunde. Ihnen allen ist allerdings das Ärgste erspart geblieben, und daher sind ihre Zeugnisse wohl auch nicht geeignet, ein repräsentatives Bild dieser wohl schrecklichsten Epoche der österreichischen Geschichte zu zeichnen. Es sind eher Momentaufnahmen, die das Unfassbare nicht abbilden können, sondern höchstens erahnen lassen. Die Menschen, die diesem Freundeskreis angehörten, sind – wie man sogleich sehen wird – ebenso unterschiedlicher Provenienz wie die Geschichten, die ich dazu erzählen möchte:

## „Glauben S', hinführ'n wer'n ma Ihna?"

Mein Vater – damals leitender Angestellter des Gewerbebundes in Kärnten und seit Sommer 1937 mit einer Kanaltalerin verheiratet – wurde schon im Zuge der ersten großen Verhaftungswelle in Österreich am 15. März 1938 eingesperrt. Eine kleine, bewaffnete Nazigruppe drang ins Haus, in dem

14

meine Eltern wohnten, ein, durchsuchte die Wohnung und verhaftete meinen Vater. Mein Vater hatte „vorsichtshalber" ein Sparbuch des Österreichischen Gewerbebundes in seiner Wohnung verwahrt. Auf ihm lag Geld, das der Finanzierung der Werbung für die von Schuschnigg angesetzte Volksabstimmung hätte dienen sollen, die dann Hitler durch seinen Einmarsch am 12. März vereitelt hatte. Meine Mutter hatte – Böses ahnend – das Sparbuch hinter einem Portrait ihrer Großmutter versteckt, das an der Wand hing. Sie hatte freilich nicht daran gedacht, dass sich die Nazis beim befürchteten „Besuch" so wild gebärden würden, dass die Wände zitterten, die Bilder wackelten und – das Sparbuch hinter dem Bild herausfiel. Die „Besucher" reagierten darauf, indem sie zum einen mit einem Messer in das Bild hineinstachen (das – wirklich nicht schöne – Bild hängt deshalb noch immer bei uns an der Wand) und zum anderen das Sparbuch an sich nahmen. Dann brachten sie meinen Vater in die NSDAP-Ortsgruppe Klagenfurt, wo sie ein Protokoll mit folgendem Text verfassten: „Es erscheint Dr. Franz Korinek und übergibt der NSDAP als Spende ein Sparbuch des Österreichischen Gewerbebundes über …"

Die Nazis behielten aber nicht nur das Sparbuch, sondern auch gleich meinen Vater. Er kam in das Gefängnis des Landesgerichts; am selben Tag wurden auch Ferdinand Graf, der leitende Angestellte des Bauernbundes und spätere Staatssekretär und erste Verteidigungsminister Österreichs nach 1955, und der in Kärnten damals schon politisch tätige Felix Hurdes, der nach 1945 Unterrichtsminister und später Nationalratspräsident werden sollte, eingesperrt.

Berichtenswert ist auch, was meiner Mutter im Zuge der Verhaftung meines Vaters zustieß. Sie fand am nächsten Tag einen Zettel an der Tür: „Da Sie nunmehr eine fragwürdige und unzuverlässige Mieterin geworden sind, kündige ich Ihnen die Miete und fordere Sie auf, bis morgen Mittag die Wohnung zu räumen." Es gab eben einen beachtlichen Teil an Österreichern, die „mitspielten". Aber es gab – und das darf man nicht vergessen – auch Opfer.

Einige Tage nach seiner Verhaftung wurde mein Vater – an Händen und Füßen gefesselt – im offenen LKW ins Wiener Polizeigefangenenhaus auf der Rossauer Lände überstellt. Mein Vater erzählte öfter davon, jedoch nie, ohne gleichzeitig zu erwähnen, dass die Behandlung auf der Rossauer Lände unvergleichlich angenehmer war als im Klagenfurter Gefangenenhaus, wo man den Hass der kleinen Nazis auf alles, was Österreich repräsentierte, so besonders deutlich spürte.

Schon die Aufnahme ins Polizeigefangenenhaus in Wien ist berichtenswert: Als mein Vater dort abgeliefert wurde, nahm man ihm die Fußfesseln ab und bugsierte ihn in die Eingangshalle. Mein Vater wusste sich aufgrund seiner längeren Gerichtspraxis in solchen Situationen halbwegs „ordentlich" zu benehmen und ging also zur „Aufnahme" – ich weiß wirklich nicht, wie das damals hieß, und kenne auch niemanden mehr, den ich fragen könnte –, sagte, dass er von Klagenfurt hierher überstellt wurde und nannte seinen Namen. Der Beamte sagte daraufhin eine Zahl. Mein Vater nahm das zur Kenntnis und setzte sich auf eine der im Vorraum stehenden Bänke. Es tat sich nichts. Als er längere Zeit gewartet hatte, ging er wieder zur „Portierloge" und fragte, was denn jetzt geschehen solle. Darauf der Polizeibeamte: „I hab Ihna eh die Zellennummer g'sagt; suachen S' Ihnen g'fälligst Ihre Zelle, oder glauben S', hinführ'n wer'n ma Ihna aa no?"

Mit dieser Information ging mein Vater in den 3. Stock und meldete sich dort beim offenkundig für die Zellen in diesem Stock verantwortlichen Beamten, indem er sich vorstellte

16

und sagte, man habe ihn aus der Eingangshalle hier heraufgeschickt. Der Polizeibeamte sagte ein relativ freundliches „Kumman S' mit". Das ermutigte meinen Vater, den Beamten zu fragen, welche Leute denn in der Zelle einsäßen. Der Beamte erklärte nur: „Se wer'n z'frieden sein."

In die Zelle gekommen, stellte sich mein Vater den Mithäftlingen vor, erzählte kurz seinen bisherigen Lebensweg und den Grund und die Umstände seiner Inhaftierung. Darauf stellten sich auch die anderen Zelleninsassen vor, durchwegs höhere Polizeibeamte. Einem von ihnen war vorher das Polizeigefangenenhaus unterstanden. Es ergab sich ein kurzes Gespräch, und einer der Mitinsassen der Zelle sagte sodann „Meine Herren", worauf alle nickten. Der Fragende war anscheinend der von den anderen anerkannte „Sprecher" der Zelle. Als der Polizeibeamte, der meinen Vater in die Zelle gebracht hatte, nach einiger Zeit wieder erschien, sagte dieser „Sprecher": „Ist in Ordnung."

Später erfasste mein Vater die Situation. Die Insassen dieser Zelle hatten offenbar mit dem Personal vereinbart, dass sie sich wenigstens die Zellengenossen selbst aussuchen dürften, und der eben geschilderte Vorgang war die Abstimmung über die Frage, ob mein Vater würdig sei, in dieser Zelle zu bleiben, und die Mitteilung des Ergebnisses dieser Abstimmung an die Gefängnisverwaltung.


Dem Umstand, dass der frühere Leiter des Gefangenenhauses nun selbst in dieser Zelle saß und vorher offenbar recht beliebt gewesen war, dürfte es auch zu verdanken gewesen sein, dass die Versorgung mit dem Essen nicht allzu kleinlich ausfiel. Der Speiseplan war freilich nicht sehr abwechslungsreich: Es gab – so erzählte mein Vater, nicht ohne zu betonen, dass er das alles sehr gern gegessen habe – montags Erbsen, dienstags Linsen, mittwochs Milchreis, donnerstags Erbsen, freitags Linsen und samstags Milchreis. Dazu immer ausreichend Brot. Am Sonntag gab es für jeden eine kleine Knackwurst.

Eines Sonntags meinte einer der Insassen zu dem das Essen bringenden Polizeibeamten, dass es schön wäre, wenn sie am Sonntag ein bisschen mehr bekämen und nicht nur diese eine kleine Knackwurst für den ganzen Tag. Der Polizeibeamte erklärte umständlich, dass das nicht gehe, weil die Knackwürste abgezählt seien und ein „Schwindeln" ganz und gar ausgeschlossen sei. Zwanzig Minuten später kam er nochmals mit einem Gesichtsausdruck à la: „Ihr habt's mi jetzt um meine wohlverdient abgezweigten Knackwürste gebracht" und mit einigen weiteren Knackwürsten in die Zelle: „Da habt's es halt."

In der Zelle selbst dürfte es erträglich gewesen sein; man wurde offensichtlich nicht abgehört, konnte daher relativ offen sprechen, spielte Schach – einer der Zelleninsassen hatte aus Brot Schachfiguren geformt – und freundete sich zunehmend an. Diese Freundschaften hielten über Jahrzehnte. Noch Ende der Fünfziger- und Anfang der Sechzigerjahre trafen sich die Mithäftlinge von damals mit ihren Frauen und teilweise auch ihren Kindern – zwar nicht oft, aber doch immer wieder zum Abendessen. Ich durfte oft dabei sein.

Ein Schatten lag freilich schon über dem Gefängnis und damit auch über dieser Zelle. Jeden Vormittag ertönte über den Lautsprecher die Ansage, welche Insassen sich im Hof einzufinden hätten. Und es war allen klar, dass die wenigsten der Aufgerufenen freigelassen wurden. Manche wurden ins Landesgericht überstellt – ihnen drohte offenkundig ein politischer Prozess –, die meisten der Aufgerufenen aber wurden in ein Konzentrationslager gebracht. Mein Vater erzählte immer wieder, welch große psychische Belastung dieses tägliche Warten auf den Aufruf war. Auch der „Sprecher" der Zelle wurde einmal aufgerufen: Er kam ins KZ Buchenwald.

Er überlebte. Nach dem Krieg trat er wieder in den Polizeidienst ein und wurde am Ende seiner Karriere Leiter der Staatspolizei im Innenministerium; sein Name war Franz Mayer.

Bei den Zusammenkünften nach Kriegsende erzählte er relativ selten vom KZ, und wenn, dann nur eher „harmlose" Geschichten – so die Geschichte von einem Wettbewerb, der von der SS im KZ Buchenwald veranstaltet wurde: Es ging darum, ein „Buchenwald-Lied" zu dichten und zu komponieren. Gewonnen hatten die zweifellos zynisch gemeinte Ausschreibung übrigens Fritz Löhner-Beda und Hermann Leopoldi, die einen Text mit ganz vorsichtigen kritischen Formulierungen und mehrdeutigen Sätzen über die Hoffnung „auf die Zeit nach Buchenwald" schrieben und vertonten:

*O Buchenwald, ich kann dich nicht vergessen,*
*weil du mein Schicksal bist.*
*Wer dich verließ, der kann es erst ermessen,*
*wie wundervoll die Freiheit ist.*
*O Buchenwald, wir jammern nicht und klagen,*
*und was auch unsre Zukunft sei –*
*wir wollen trotzdem ‚ja‘ zum Leben sagen,*
*denn einmal kommt der Tag – dann sind wir frei.*

Ein einziges Mal – es war, sicher schon Anfang der Sechzigerjahre – erzählte Mayer von den Schrecken seines KZ-Aufenthalts, von Strafsanktionen, die von unglaublicher Brutalität zeugten. Die Erzählung nahm ihn jedoch so mit, dass er völlig erschöpft und einem Nervenzusammenbruch nahe war. Seither ahne ich, warum nach 1945 so wenige Betroffene den jungen Menschen konkrete Erlebnisse aus dieser furchtbaren Zeit erzählt haben.

Nach einigen Monaten wurde mein Vater freigelassen, blieb jedoch in Wien konfiniert – das heißt, er musste sich, wenn er Wien beruflich oder privat verlassen wollte, bei der Gestapo melden, die über solche Ersuchen völlig willkürlich entschied. Immerhin durfte er in Wien arbeiten. Er musste zunächst nicht einmal zur Wehrmacht, da er als Gegner des nationalsozialistischen Regimes „wehrunwürdig" war, und fand eine Beschäftigung bei einem Rechtsanwalt. Man erlaubte ihm sogar, die Rechtsanwaltsprüfung abzulegen. Später wurde er freilich „eingezogen".

## Szenen sanften Widerstands

In Wien gab es einen Kreis politisch Gleichgesinnter, in dem man sich häufig – aber nicht regelmäßig, das wäre zu gefährlich gewesen – traf: manchmal in einer Wohnung, manchmal „beim Rieder", einem Gasthaus gegenüber dem Rathaus, oder „bei der Kierlinger", einem Heurigenlokal in Nußdorf. Es gab dort ein Privatstüberl im 1. Stock oberhalb der Einfahrt.

Das Zentrum dieses Zirkels war Julius Raab; er wurde während der Nazizeit – offenbar unter dem Schutz des Gauleiters von „Niederdonau" Dr. Hugo Jury, der Hausarzt der Familie Raab in St. Pölten gewesen war – weder eingesperrt noch kam er in ein Konzentrationslager. Er war zwar in Wien konfiniert, durfte insbesondere nicht nach St. Pölten, wo ja der

Sitz seines Bauunternehmens war, konnte aber den Wiener Betrieb führen. Dem Freundeskreis gehörten – neben Raab – meine Eltern, der Wiener Transportunternehmer Anton Rohrhofer (später Wiener Stadtrat) und einige weitere politische Freunde an. Wenn man gerade auf freiem Fuß und in Wien war, traf man sich eben. Die Treffen wurden möglichst diskret organisiert, man rief sich ohne Namensnennung an und sagte etwa: „Übermorgen bei der Kierlinger" oder „Mittwoch bei uns", und dann wusste man schon, wer sich am genannten Tag um halb sieben am genannten Ort einfinden sollte. Auch ich durfte, obwohl ich noch sehr klein war, manchmal dabei sein. Ich weiß freilich heute nicht mehr, ob ich mich an all das wirklich noch erinnern kann; es werden wohl die späteren Erzählungen von Teilnehmern an diesem Zirkel sein, die ich in Erinnerung habe, denn man traf sich natürlich auch nach 1945 immer wieder in diesem Kreis, wenn auch naturgemäß wesentlich seltener.

Es wäre übertrieben, diese Runde als Teil der Widerstandsbewegung ansehen zu wollen. Sie tauschten Informationen aus, empörten sich gemeinsam über die Ungeheuerlichkeit des Regimes, träumten von einem freien Österreich, schworen sich auf die Zusammenarbeit nach dem – von allen von Anfang an für sicher gehaltenen – Zusammenbruch ein. Man half einander, wenn es notwendig und möglich war. Aber man sprach auch und vor allem über Privates und scherzte ein wenig: Man machte sich die Zeit eben erträglich.

Entscheidend für die nächsten Jahrzehnte des Aufbaus dürfte gewesen sein, dass sich in vielen derartigen Runden zwei Grundüberzeugungen durchgesetzt hatten: das Bekenntnis, ja die Liebe zu Österreich, und die Überzeugung, im Falle der Wiedererlangung der Freiheit das Gemeinsame vor das Trennende zu stellen. Das mag heute pathetisch klingen, war es aber damals durchaus nicht. Im Gegenteil: Es war eine großartige Entwicklung der inneren Haltungen dieser Menschen. Man bedenke, dass 1933/1934 noch nicht einmal zehn Jahre zurücklag.

Natürlich hatten alle eine andere Sicht der Ereignisse. Die einen gaben die Schuld dem „Prälaten ohne Milde" Ignaz Seipel und dem Parteienverbot, das nicht nur die Nazis, sondern auch die Sozialdemokraten betraf, und vielen radikalen und autoritären Vorstellungen, die in weiten Teilen der „Vaterländischen Front" herrschten. Die anderen sahen die Ursache in der Bewaffnung des Schutzbundes, dem Bau von Schießscharten in Gemeindebauten wie dem „Karl-Marx-Hof" oder in der mangelnden Bereitschaft von Teilen der Sozialdemokratie zur gemeinsamen Bekämpfung der Bedrohung aus Deutschland.

Aber entscheidend war: Die eigene, subjektive Sicht der Dinge galt als absolut zweitrangig im Vergleich zur Aufgabe, gemeinsam am Scheitern des Nationalsozialismus und dem Wiederaufbau Österreichs zu wirken, gemeinsam Österreich zu retten. Das war eine große Leistung, und sie ist wohl in verschiedenen Zirkeln – wie eben auch in dem hier beschriebenen Raab-Zirkel – entstanden, jedenfalls gefestigt worden: „Wir haben doch alle Fehler gemacht. Rechten wir nicht, wer die größere Schuld trägt, wer zuerst Fehler gemacht hat, sondern wie man sie in Zukunft vermeiden kann." Das war die große Leistung dieser Gruppen des „sanften Widerstandes".

# „Heil ... – jetzt hab ich den Namen vergessen"

Als mein Vater wieder einrücken musste, kam er – mit wessen Hilfe, blieb völlig unklar – nicht an die Front, sondern zur Brückenwachkompanie 8-83. Sie war in der Milchtrinkhal-

22

le im Prater stationiert und hatte die Aufgabe, die Brücken über die Donau und den Donaukanal zu bewachen. Es war eine nette Runde, in die mein Vater da hineingeraten war: Da gab es verschiedene Wiener Typen, Angestellte, einige Unternehmer wie den bekannten Hietzinger Buchhändler Robert Kleemann oder den Wiener Textilhändler und späteren Handelskammerfunktionär Adolf Schibl. Aber auch Künstler waren dabei, etwa Franz Schier, einer der damals und insbesondere auch in der unmittelbaren Nachkriegszeit wohl bekanntesten Wiener Heurigensänger, oder der Staatsopernsänger Alois Pernerstorfer, ein Bassbuffo, der aber auch Charakterpartien sang – er war später der unvergessene Alberich in Karajans Wiener „Ring"-Produktion. Wie oft dachte ich an meinen Vater, als Pernerstorfer als Graf Waldner in der Arabella vom alten Mandryka sang: „Er war mein Freund und Regimentskamerad."

Von diesem Kreis der „8-83er" möchte ich einige kleine Geschichten erzählen, die die kleinen Nadelstiche deutlich machen sollen, die damals immer wieder gegen die Nazis und ihre Führer abgegeben wurden und die wohl vor allem die Funktion hatten, das Selbstwertgefühl der Österreicher aufrecht zu erhalten. Man muss sich aber immer bewusst sein, dass derartiges Verhalten gar nicht ungefährlich war.

Ein echtes Wiener Original – ich lernte ihn später auch persönlich kennen – war der Leiter der Kompanie, ein gewisser Hauptmann Glass. Er war Parteimitglied, ein so genannter „kleiner Nazi", sonst aber ein offenkundig anständiger Mensch, der sich jedenfalls nichts Strafbares zuschulden hat kommen lassen. Zwei G'schichterln möchte ich berichten, die mir mein Vater von ihm erzählt hat:

Hauptmann Glass tritt vor die angetretene Kompanie, hebt den rechten Arm zum Führergruß und sagt: „Heil … – jetzt hab ich den Namen vergessen."

Oder: Hauptmann Glass hört in der Schreibstube, in der mein Vater und Alois Pernerstorfer, der alles andere als ein Nazi war, saßen, im Radio die Nachrichten. Es waren vor allem Kriegsnachrichten: Erfolge der deutschen Wehrmacht wurden gemeldet, Erfolge der deutschen Rüstungspolitik, politische Programme usw. Endlich waren die Nachrichten aus, und der Sprecher sagte: „Es wird in zehn Sekunden 15 Uhr 10, in fünf Sekunden, Gong: 15 Uhr 10." Darauf Glass: „Das ist das Erste, was i eam glaub."

Am Abend muss es mitunter auch lustig zugegangen sein in dieser Runde; meine Mutter hat mir erzählt, dass sie manchmal an einem Samstagnachmittag mit anderen Angehörigen und Freunden (ich soll auch dabei gewesen sein) in die Milchtrinkhalle kamen, um irgendeinen offiziellen (Nazi-)Anlass zu feiern. Hauptmann Glass hatte durch Angehörige der Kompanie Essen und Trinken organisiert; Franz Schier sang Wiener Lieder, Alois Pernerstorfer schmetterte sein Bravourlied „Im tiefen Keller" und sang dann die Arie des Staudinger aus Lortzings „Waffenschmied". Das muss unglaublich eindrucksvoll gewesen sein, denn es wurde oft davon erzählt; die Runde der „8-83er" traf sich nämlich noch viele Jahre, ja Jahrzehnte nach dem Krieg immer wieder in der Wohnung oder im Haus des einen oder anderen der Kameraden oder beim Heurigen. Sie vergrößerte sich nicht nur um die Ehefrauen, sondern schließlich auch um die Kinder. Ich werde nie vergessen, wie nahezu die gesamte damals noch lebende Kompanie zu meiner Promotion im Jahr 1963 im Großen Festsaal der Wiener Universität erschien und mir die berühmte Gesamtaufnahme der „Fledermaus" unter der Leitung von Herbert von Karajan schenkte. Es war beeindruckend, wie diese Menschen mich allein durch ihr Kommen und ihr Auftreten an einem großen Freudentag mitten im Frieden daran erinnerten, dass das, worüber man sich heute freuen kann, nicht selbstverständlich ist.

Es muss also einen großen Eindruck gemacht haben, als „Loisl" damals die besagte Arie sang, deren letzte Strophe bekanntlich lautet:

*Wenn's wieder so würde, wie's einstens wohl war,*
*wo das Schwert nur für Recht sich erhob,*
*wo geschlagen im Kampfe die sündige Schar*
*wie Spreu vor den Winden zerstob,*
*wenn Redlichkeit käme als Waffenschmied*
*und schlüg auf dem Amboss voll Lug und Trüg*
*ein Schwert, nur dem Guten geweiht –*
*das wär eine köstliche Zeit.*

Man war damals offenbar sehr sensibel für Texte, die ein Lesen „zwischen den Zeilen" ermöglichten.

Überhaupt wurden Literaturstellen gerne für den stillen Widerstand genutzt. Mein Vater erzählte mir von einer Burgtheateraufführung des „Don Carlos", in der der mutige und bekennende Anti-Nazi und Österreicher Raoul Aslan, in dessen Person das alte Burgtheater eines Moissi und eines Kainz weiterlebte, den König Philipp spielte und Fred Liewehr den Marquis Posa. In dieser Aufführung, so erzählte mein Vater, habe das Publikum nach den bekannten Worten des Posa: „Sire, geben Sie Gedankenfreiheit" minutenlang – unter dem wohlgefälligen Lächeln Raoul Aslans – applaudiert.

Apropos Raoul Aslan: Am liebsten würde ich jetzt einige der vielen Aslan-Anekdoten einschieben, aber so weit vom Thema möchte ich mich doch nicht entfernen. Eine passt jedoch hierher:

In Wien wurde die Fronleichnamsprozession in St. Stephan immer auch als Reverenz führender Persönlichkeiten des öffentlichen Lebens an den katholischen Glauben verstanden. Hinter dem „Himmel", unter dem der Erzbischof die geschmückte Monstranz mit dem Allerheiligsten durch die Straßen trägt, ging seinerzeit der Kaiser, später der Bundespräsident und der Bundeskanzler; in der Nazizeit ging in der ersten Reihe hinter dem „Himmel" erhobenen Hauptes Raoul Aslan, das alte Burgtheater und damit ein Stück Österreich personifizierend.

## Kleine und große Heldentaten

In den letzten Wochen des Kriegs wurde mein Vater zur „Flak" in den Augarten versetzt, und bei irgendeiner Gelegenheit durften an einem Samstag oder Sonntag die Familienangehörigen dort erscheinen. Meine Mutter nützte natürlich die Gelegenheit, um mit mir zum Papa zu gehen, und dort dürfte ich sehr gefährlich geworden sein – zunächst meinem Vater und meiner Mutter, dann wohl aber auch dem Kommandanten der Einheit.

Ich war es gewohnt, auch in der Nazizeit mit „Grüß Gott" zu grüßen, und mit Ausnahme des Friseurs gab es nach Erzählungen meiner Eltern niemanden aus unserer Umgebung, der das beanstandet hätte. So sagte ich auch zum Kommandanten des Flak-Turms im Augarten, als mein Vater mich ihm vorstellte, einfach „Grüß Gott". Darauf sagte der Kommandant –

zweifellos ein relativ hochrangiger Wehrmachtsangehöriger und Nationalsozialist – einige nette Worte und dann, etwas versonnen und wohl, um meine Naivität zu rechtfertigen: „Was versteht denn so ein Bub schon von Politik?" Daraufhin soll ich, den Beginn der 5. Symphonie Beethovens nachsingend, gesagt haben: „Ta-ta-ta-taa – so fangen die Nachrichten an." Diese Takte waren die Signation der deutschsprachigen BBC-Nachrichten, deren Hören als „Wehrkraftzersetzung" verboten war. Nach einer Schrecksekunde meiner Eltern und des Kommandanten sagte dieser leise zu meinem Vater: „Passen Sie besser auf den Buben auf" und setzte – nun deutlich lauter – fort: „Ich habe andere Sorgen, als kleinen Kindern bei ihren unverständlichen Reden zuzuhören."

Um eine echte Heldentat zu dokumentieren, möchte ich noch eine Geschichte erzählen, die mir bei Niederschrift der vorhergehenden Episoden eingefallen ist; Franz Olah erzählte sie mir einmal bei einem Besuch bei meinen Eltern:

In einem Konzentrationslager gelang einem aus der Österreicher-Baracke die Flucht. Die Kameraden wussten es, von der SS hatte es niemand bemerkt. Die Kameraden in der Baracke ordneten – angeleitet vom Gruppenältesten oder wie das damals hieß – die Bettstellen so, dass das Aufsichtspersonal nichts bemerken konnte. Aber da waren ja noch immer die Personalakten – und auf deren Führung und regelmäßige Kontrolle legten die Nazis erfahrungsgemäß großen Wert. Einer der Österreicher wandte sich an einen anderen Österreicher, der in der Schreibstube tätig war (dieses Privileg hatte er als Kriegsversehrter des Ersten Weltkrieges): Man müsse die Personalakten des Geflüchteten vernichten, dann könne die SS die Flucht nicht entdecken. Nach einigem Hin und Her waren die beiden Österreicher bereit, das zu riskieren; dass sie damit im Falle des

Scheiterns ihr Leben riskierten, war unzweifelhaft. Das Vorhaben gelang. Die Namen dieser beiden – ich traue mich zu sagen: – Helden waren Alfons Gorbach und Franz Olah.

Diese letzten Geschichten dokumentieren nicht nur, dass und wie sich Österreicher im Krieg ihren Glauben an ihr Land erhalten wollten und dass es viele gab, die sich den unmenschlichen und brutalen Sanktionen, die vom Regime für jede Verletzung der absoluten Disziplin in Gesinnung und Handlung angedroht wurden, entgegenstellten; sie belegen auch ganz generell eine Kriegsskepsis vieler Menschen aus dieser Zeit. In diesem Zusammenhang passt, was mir mein Vater einmal von einer Bahnfahrt erzählte, die ihn von seinem ersten Kriegseinsatz in Polen zurück nach Wien brachte:

In einem Zugsabteil der Deutschen Reichsbahn saßen zwei Deutsche in Uniform, mein Vater und noch ein weiterer Wiener. Die Deutschen unterhielten sich über den Krieg, den Siegeswillen; auch von der Richtigkeit der Kriegsziele des Führers war die Rede, schließlich aber auch vom Nachher, vom „Wieder-nach-Hause-Kommen". Dazu sagte der eine der beiden Deutschen: „Ach, wenn ich wieder nach Hause komme und wenn alles wieder seine Ordnung hat, dann wird das ein schönes Leben. Weißt du, worauf ich mich dann am meisten freue? Auf einen schönen gesalzenen Hering!"

Der Wiener, der die ganze Zeit hindurch schweigend dabei gesessen war, hielt es nicht mehr länger aus. Es platzte geradezu aus ihm heraus, und zu meinem Vater gewandt sagte er: „Und deswegen führ'n die an Krieg."

# II. Impressionen aus der Nachkriegszeit

Meine eigenen Erinnerungen an die unmittelbare Nachkriegszeit sind naturgemäß rudimentär, und ich will der Versuchung widerstehen, dieses Kapitel durch allgemein Bekanntes allzu sehr aufzublähen. Nur von Dingen, die ich selbst erlebt habe, oder allenfalls von solchen, die ich aus erster Hand gehört habe, soll hier die Rede sein.

## „Du nix Figerl"

In meinen Erinnerungen spielt die Aufteilung Österreichs in Besatzungszonen eine große Rolle. Bekanntermaßen war ja auch Wien in verschiedene Zonen eingeteilt. Meine Eltern wohnten in der Esterházygasse im VI. Wiener Bezirk in der französischen Zone. Die Mariahilfer Straße war die – allerdings in aller Regel leicht zu passierende – Demarkationslinie zum amerikanisch besetzten VII. Bezirk.

„Unterernährte" Kinder – ein solches war ich damals wirklich, auch wenn mir das heute kein Mensch mehr glauben wird – wurden von der amerikanischen Besatzungsmacht besonders unterstützt. Als „unterernährt" qualifiziert hatte ich die Möglichkeit, zur „Ausspeisung" zu gehen, die die Amerikaner in der Neubaugasse organisiert hatten. Wenn man es im Nachhinein betrachtet: eigentlich absurd, aus dem französischen Teil Wiens in den amerikanischen zum Essen zu gehen. Aber es ging ja nicht ums Essen, sondern um die Ernährung, eben um eine „Ausspeisung".

Ich musste dazu wie gesagt jedes Mal von der französischen in die amerikanische Zone wechseln, und daher durfte ich nicht ohne Begleitung meiner Mutter in die Neubaugasse gehen. Ansonsten wurden die Demarkationslinien in Wien großzügig gehandhabt und hatten vor allem Bedeutung für die jeweiligen Militärangehörigen. Das wusste ich von einem Mädchen aus unserem Haus; sie ging in die damals so genannte Mittelschule, war sehr hübsch und mit einem GI befreundet. Der brauchte immer eine Erlaubnis, sie in ihrer Wohnung zu besuchen – nicht, weil der Kontakt zwischen den Militärangehörigen und den Österreichern kontrolliert werden sollte und schon gar nicht aus moralischen Gründen, sondern, weil sie eben im französischen Sektor wohnte.

Es spielte in mancherlei Hinsicht eine Rolle, in welcher Zone man wohnte. In der Mittelschule etwa hing davon ab, welche Fremdsprache man zu lernen hatte. Im Mariahilfer Gymnasium, das ich als die der Wohnung meiner Eltern nächstgelegene Mittelschule besuchte, hatte man ab der ersten Klasse Französisch, ab der dritten Latein und ab der fünften Griechisch; Englisch war bloß in der Oberstufe als Freigegenstand möglich.

Konsequenzen hatte die Tatsache, dass der VI. Bezirk in der französischen Zone lag, auch für den Gottesdienst in der Mariahilfer Kirche. Dort wurde die heilige Messe um elf Uhr für die Angehörigen der französischen Besatzungsmacht gefeiert. In allen Bankreihen lagen Tafeln: „Reserviert für Angehörige der französischen Besatzungsmacht". Die Kirche war aber an sich auch für Wiener offen, und wir konnten ohne Beschränkungen an der Elf-Uhr-Messe teilnehmen, aber eben nicht in den reservierten Bankreihen.

Wir taten das mitunter und kamen dann zu einem Segen des Militärbischofs, der des Öfteren die Messe zelebrierte. Er zog zu Beginn der Messe unter großer Assistenz und mit Bischofstab und Mitra festlich bekleidet in die Kirche ein und segnete dabei die Gläubigen – „Angehörige der französischen Besatzungsmacht" wie auch alle anderen. Die Besatzungspolizei sorgte für Ordnung und insbesondere dafür, dass sich die Österreicher erst nach dem Beginn des Gottesdiensts auf die dann noch freien „reservierten" Plätze setzen durften. Das geschah alles mit größter Zurückhaltung und Höflichkeit; es war aber unübersehbar, dass die staatliche Besatzungspolizei das Ganze ordnete. Dass in Frankreich der Laizismus als Verfassungsprinzip gilt, hätte ich damals nicht erahnt.

Unangenehmer waren die Demarkationslinien außerhalb Wiens, und zwar insbesondere die zwischen der russischen Zone (Niederösterreich, Burgenland und das nördliche Oberösterreich) und den angrenzenden englischen (Steiermark) oder amerikanischen (südliches Oberösterreich und Salzburg) Zonen. Es war für uns immer aufregend, mit dem Auto nach Kärnten zu fahren – am Semmering war knapp nach der Landesgrenze auf der steirischen Seite die Kontrollstelle –, und je nach Laune winkte ein Angehöriger der sowjetischen Besatzungsmacht durch oder kontrollierte genau. Am häufigsten wurde übrigens meine Mutter kontrolliert, offenbar, weil sie eine Kärntnerin war und einen recht ungewöhnlichen, französisch klingenden Mädchennamen trug.

In diesem Zusammenhang möchte ich von einer Geschichte berichten, die der legendäre oberösterreichische Landeshauptmann Dr. Heinrich Gleißner mitunter erzählte. Er fuhr – mit seinem Dienstwagen mit der Nummer „L 1" – nach Wien. An der Enns – sie bildete die Demarkationslinie zu Niederösterreich – wurde er angehalten, musste aussteigen und in das von den Russen zur Grenzbewachung errichtete Gebäude gehen. Dort geschah zunächst gar nichts, Gleißner musste warten, die Russen telefonierten. Nach über einer halben Stunde wurde Gleißner unruhig und verlangte eine Erklärung. Es erschien ein des Deutschen bruchstückhaft mächtiger sowjetischer Besatzungsangehöriger und versuchte Gleißner zu erklären, warum man ihn festhielt: „Du Schwindler! Du Auto Nummer 1. Nummer 1 ist Figerl. Du nix Figerl – du Schwindler." Man hatte sein Auto mit dem von Bundeskanzler Leopold Figl verwechselt, dessen Wagen die Dienstnummer „W 1" trug.

## „Einmal bei Ihnen und einmal bei mir"

Die politische Dominanz der Besatzungsmächte war natürlich groß: Der Alliierte Rat hatte weitgehende Kompetenzen und konnte durch sein Veto das Entstehen von Bundesgesetzen verhindern. Für jedes Veto war aber Einstimmigkeit erforderlich. Leopold Figl und den Beamten des Kanzleramts war es gelungen, den Eindruck zu erwecken, dass alles Wichtige in Österreich verfassungsrechtlich geregelt sein müsse, und das war wohl der Grund dafür, dass in den Kontrollabkommen (zwischen den Besatzungsmächten und der Republik Österreich) vorgesehen war, dass der Alliierte Rat bei Bundesgesetzen bloß ein Vetorecht hatte und nur Verfassungsgesetze seiner Zustimmung bedurften. Da praktisch nur der sowjetische Hochkommissar von der Möglichkeit seines Vetos Gebrauch machte und die westlichen Besatzungsmächte fast immer den Beschlüssen des österreichischen Parlaments zustimmten, bedeutete das in der Realität, dass einfache Gesetze auch bei einem „Njet" der Russen zustande kommen konnten.

Übrigens war die zwingende Einschaltung des Alliierten Rats in den Gesetzgebungsprozess wohl auch eine der Ursachen dafür, dass viele wichtige und vor allem auch bei den Westmächten nicht unumstrittene Maßnahmen auf Sozialpartnerebene gelöst wurden. So wurden etwa die „Lohn-Preis-Abkommen" der späten Vierzigerjahre und des Jahres 1950, die eine große wirtschaftspolitische Bedeutung hatten, als Kollektivverträge abgeschlossen – für solche Rechtsakte sah das Kontrollabkommen ja keine Mitwirkung der Alliierten vor. Ich bin persönlich davon überzeugt, dass die große Bedeutung, die in Österreich den Sozialpartner-Organisationen nicht nur in sozialpolitischen, sondern darüber hinaus in allgemein wirtschaftspolitischen Fragen zukommt, ihre Grundlage auch in dieser historischen Entwicklung hat.

Aber dennoch: Der sowjetische Hochkommissar hatte ein ganz besonderes Gewicht innerhalb des Alliierten Rats. Zwei G'schichterln, die mir mein Vater erzählt hat, kann ich hier weitergeben: Die erste dokumentiert nicht nur die Versorgungslage im Wien der unmittelbaren Nachkriegszeit, sondern auch die staatspolitische Souveränität und Geistesgegenwart des damaligen Staatskanzlers Dr. Karl Renner:

Renner war im Hotel Imperial, das die Sowjets zu ihrem Hauptquartier umfunktioniert hatten, zu einem Mittagessen eingeladen. Am Ende des Essens wurden Kaffee, Digestifs und Rauchwaren angeboten. Als sich Renner schließlich verabschiedete, nahm er mehrere Pakete Zigarren und Zigaretten, steckte sie in seine Sakkotaschen und stand auf. Auf den erstaunt und kritisch fragenden Blick des Hochkommissars hin meinte der Sozialdemokrat Renner: „Karl Marx hat uns doch gelehrt: Expropriiert die Expropriateure." Glücklicherweise hatte der Hochkommissar Humor.

Es war übrigens bis 1953 selbstverständlich, dass Besprechungen zwischen dem Bundeskanzler und dem sowjetischen Hochkommissar im Büro des Hochkommissars stattfanden – gleichgültig, von wem der Terminwunsch ausging. Als 1953 Julius Raab Bundeskanzler wurde, stattete er auch dem sowjetischen Hochkommissar seinen Antrittsbesuch ab. Dabei vereinbarte er für die Zukunft einen Jour-fixe-Rhythmus, nicht ohne dazu zu sagen, dass man die Termine abwechselnd im Kanzleramt und im Hochkommissariat abhalten sollte: „Und des mach' ma dann einmal bei Ihnen und einmal bei mir." Der Hochkommissar war einverstanden, und wieder war ein Schritt getan. Es war das Anliegen Raabs, das Verhältnis der Sowjetunion zu Österreich auf eine andere Basis zu stellen. Er wollte von der Konstellation „Hier Österreich und die Westmächte – dort die Sowjetunion" wegkommen. Dazu bedurfte es einerseits der Betonung der Gleichwertigkeit der vier Besatzungsmächte und andererseits eines selbstbewussten Auftretens Österreichs diesen gegenüber.

## Rationierung und Schleichhandel

Meinem Vater war es gelungen, schon Anfang Mai 1945 in Wien zu sein. Er war zu Kriegsende in einer Wiener Einheit der Wehrmacht, und zwar wie erwähnt bei der Flak im Augarten. Diese Einheit erhielt einige Tage vor der Befreiung Wiens den Befehl zum Rückzug in den Westen. Die Flak-Türme im Augarten übernahm die „verlässlichere" Waffen-SS. Nachdem er durch das Radio von der Kapitulation Deutschlands erfahren hatte, gelang es meinem Vater an der Enns, von seiner Einheit wegzukommen und sich gemeinsam mit einem Freund nach Wien durchzuschlagen, teilweise zu Fuß und teilweise mithilfe der Bahn, die den Betrieb nach Instandsetzung zerstörter Gleisanlagen abschnittsweise notdürftig wieder aufgenommen hatte. Das dauerte dank zweier kurzer Zwangsarbeitseinsätze bei der Roten Armee (man hatte die beiden entdeckt, zu Arbeitseinsätzen abkommandiert und dann nach kurzer Zeit wieder weiterziehen lassen) etwa eine Woche.

Ich kann mich noch genau erinnern, wie mein Vater an einem Vormittag in der Türe unserer Wohnung stand, meine Mutter vor Überraschung und Glück laut aufschrie und dann weinte und er mich in die Höhe hob und sagte: „Jetzt wird alles wieder gut." Diesen Satz sagten meine Eltern in diesen Tagen sehr oft.

Mein Vater nahm seine Tätigkeit als Rechtsanwalt wieder auf, was meinen Eltern die Möglichkeit gab, mit den damaligen Verhältnissen besser zurechtzukommen. Lebensmittel waren bekanntlich rationiert. Aber „im Schleich" konnte man sich's halt doch aufbessern. Meine Mutter entdeckte eine Quelle, bei der sie um teures Geld einmal in der Woche ein viertel Kilo Butter kaufen konnte, aber zu den von mir so geliebten Palatschinken musste sie, weil wir uns frische Eier auch „im Schleich" nicht leisten konnten, Eipulver (aus amerikanischen Lebensmittelpaketen) verwenden, und die Magermilch wurde mit Sodawasser gestreckt. Mir schmeckten sie dennoch immer sehr gut.

Für meinen Vater war es wichtig, sich im Resselpark Zigaretten „erschleichen" zu können. Dort neben dem Karlsplatz war einer der bekanntesten Plätze für den Wiener Schleichhandel. Mein Vater ging oft mit mir am Sonntagvormittag nach dem Besuch der heiligen Messe – während meine Mutter kochte – spazieren und erklärte mir „Gott und die Welt", Personen, die wir trafen, historische Gebäude (bzw. deren Reste) und ihre Geschichte. Solche gemeinsamen Spaziergänge unternahmen wir noch bis in die späten Fünfzigerjahre hinein.

Einmal nahm mich mein Vater wieder mit in den Resselpark. Er wollte dort „auch etwas kaufen, was man nur hier bekommt". Ich kann mich nur mehr an ein großes Gedränge und an eine beängstigende Hektik erinnern. Und daran, dass plötzlich alle davonliefen: Auch mein Vater nahm mich an der Hand und wir liefen. Eine befriedigende Antwort auf meine Frage, was denn da los gewesen sei und warum wir davongelaufen seien, gab mir mein Vater jahrelang nicht. Erst nach meiner Matura erzählte er mir, dass die Polizei damals den Zigaretten-Schleichhandel im Resselpark aufgelöst hatte – übrigens nur mit vorübergehendem Erfolg.

Im Café Meszaros am Anfang der Singerstraße soll es in der Nachkriegszeit die Möglichkeit gegeben haben, Pässe und Visa zu erhalten. Jedenfalls muss das einem größeren Kreis bekannt gewesen sein, sonst hätte sich die folgende Episode nicht ereignen können. Mein Vater erzählte mir, dass er mit dem damaligen Generalsekretär der Bundeskammer der gewerblichen Wirtschaft (also seinem Amtsvorgänger) Dr. Anton Widmann einmal in diesem Kaffeehaus war und einen Kaffee bestellen wollte. Erst nach mehreren Versuchen gelang es, die Bestellung abzugeben – der Kaffee aber kam noch lange nicht. Da soll nach der Erzählung meines Vaters Dr. Widmann laut gerufen haben: „Ja, bekommt man in diesem Lokal nur Pässe und Visa und keinen Kaffee?" Er wurde dann rasch bedient.

Im Zusammenhang mit dem Schleichhandel fällt mir noch eine Begebenheit ein: Meinen Eltern ging es wirtschaftlich wie gesagt recht gut, und so konnten wir schon 1946 einen Sommerurlaub machen. Meine Mutter zog es als Kärntnerin natürlich an den Wörthersee, und es gelang meinem Vater, den Urlaub in einem der intakten Häuser in Pörtschach zu organisieren. Dort hatten wir Vollpension. Für das Essen musste man aber nicht nur bezahlen, man brauchte auch die entsprechenden Lebensmittelmarken. Am Ende der ersten Woche war die gesamte Monatskarte verbraucht. Also kaufte mein Vater am Sonntag die Marken vom Oberkellner „im Schleich" wieder zurück, und nach der zweiten Woche spielte sich das Ganze nochmals ab. Auf diese Weise blieben wir drei Wochen in Pörtschach und verwendeten immer dieselben Marken. Wie der Ober das bewerkstelligte, ist uns allen immer unverständlich geblieben.

## „A Ent'n is a blödes Viech"

Überhaupt spielte das Essen in den ersten Nachkriegsjahren eine große Rolle. Man bevorzugte einen Sommeraufenthalt in einem Gasthof, der zugleich eine Fleischhauerei war – das Schild „Fleischerei und Gasthof" war für sich schon ein Werbeslogan. Die ersten „Backhendlstationen" entstanden, und in Gesprächen über den Urlaub spielte die Größe der Wiener Schnitzel eine viel größere Rolle als heute das Wetter.

In diesen Zusammenhang gehören einige Geschichten, die ich gerne erzählen möchte, etwa rund um den legendären niederösterreichischen Landeshauptmann und Bauernpolitiker Johann Steinböck – eine Persönlichkeit von beeindruckenden körperlichen Ausmaßen. Von ihm stammt der berühmte Ausspruch: „A Ent'n is a blödes Viech – ane is z'wenig und zwa san z'vül."

Während der Zeit der Wiener Messe residierte in diesen Jahren der Bauernbund im so genannten „Reither-Schlössl", einer Villa auf dem Messegelände im Prater, die nach dem früheren Landwirtschaftsminister und niederösterreichischen Landeshauptmann Josef Reither benannt war. Wie es damals üblich war, bewirtete man Gäste sozusagen „rund um die Uhr" überreichlich mit schwerstem Essen.

Auch der damals neu gewählte Wiener Bürgermeister Franz Jonas, eine Politikerpersönlichkeit, die sich mit vollem Einsatz der Emanzipation der Arbeiterschaft – die seiner Auffassung nach vor allem durch umfassende Bildungsmaßnahmen zu erreichen wäre – und einer umfassenden Sozialpolitik widmete, ein in jeder Hinsicht asketischer Mann, wurde ins Reither-Schlössl eingeladen. Man bewirtete ihn – mitten am Nachmittag – mit Schweinsbraten, Schnitzel, Backhendl, Gansl und Ähnlichem. Jonas wehrte entschieden ab: „Aber ich hab' doch jetzt keinen Hunger", worauf der Bauernführer Steinböck in seiner derb-brummigen Art meinte: „Wie's Viech – frisst nur, wenn er an Hunger hat."

Es spricht übrigens für die hohe menschliche Qualität des Franz Jonas, dass diese doch sehr derbe Formulierung nicht die geringste persönliche oder gar politische Verstimmung bewirkte. Jonas merkte lediglich an, dass es offenbar einen wesentlichen Unterschied mache, ob man aus der Landwirtschaft oder aus kleinen Arbeiterkreisen komme.

In diesen Jahren ging es übrigens auch bei verschiedenen Verhandlungen in Ministerien oder Verbänden nicht ohne Bewirtung ab. Am großzügigsten waren hier wieder die Bauernvertreter, am kleinlichsten war man in der Handelskammer.

Hier gab es einen legendären Erlass, dass es bei Sitzungen, an denen nur Angehörige der Kammer teilnahmen, keine Bewirtung geben dürfe; bei Sitzungen mit Gästen hatte sich die Bewirtung auf Kaffee und Erfrischungen zu beschränken, wobei die Angemessenheit vom anwesenden Kammervertreter und vom Sitzungsleiter zu bestätigen war. Der Erlass wurde übrigens von meinem Vater unterschrieben, was ihm nicht nur Freunde einbrachte. Vom Generalsekretär der Präsidentenkonferenz der Landwirtschaftskammer stammt hingegen der Satz: „Ein Akt ohne Senf- oder Kaffeefleck ist nicht bearbeitet."

Einer der letzten begnadeten Esser unter den Politikern war Heinrich Drimmel, ein großer konservativer Denker mit weitem Horizont, langjähriger Unterrichtsminister unter den Bundeskanzlern Raab und Gorbach und später – wegen der beschränkten Wirkungsmöglichkeiten unglücklicher – Stadtpolitiker in Wien. Im letzten Abschnitt seines Lebens wurde Drimmel zum bedeutenden Buchautor, insbesondere historischer Bücher. Er war mit meinen Eltern befreundet, und man traf sich, vor allem in den Jahren, in denen mein Vater und er nicht mehr aktiv waren – also mein Vater nichts mehr und er nicht mehr allzu viel zu tun hatte –, öfters zum Essen. Einmal waren sie beim „Resch" in der Schönbrunner Straße. Dabei handelte es sich um ein Kaffeehaus, das dem ehemaligen Wacker-Fußballer (zu seiner Zeit noch „center half", also „Mittelläufer" genannt) Poldi Resch gehörte. Dieser und sein Kaffeehaus waren Meidlinger Institutionen. Inzwischen ist „der Resch" schon lange ein „Wienerwald", und der Resch-Poldl ist schon lange tot. Damals aber war es eine blühende Gastwirtschaft: Das Kaffeehaus hatte bis zwei Uhr nachts offen, und es gab einen schönen Garten, in dem hervorragende bodenständige Weine und deftigere Wiener Küche serviert wurde.

In diesem Garten trafen sich das Ehepaar Drimmel und meine Eltern eines Abends, und Drimmel bestellte nach Inspektion der Speisekarte „a Stelz'n". Der Ober nahm alle Bestellungen auf und wiederholte: „Und für den Herrn Minister eine Portion Stelze", worauf Drimmel empört reagierte: „Was heißt Portion? A Stelz'n will i ham, net irgendwelche Stückerln." Und er wiederholte diesen Gedanken in verschiedensten Variationen, indem er vor sich hinmurmelte: „Woll'n ma de ka ganze Stelz'n geb'n, wos mach denn i mit ana Portion Stelz'n, wann i a ganze bestell …"

Apropos Stelze: Da fällt mir ein G'schichterl ein, das sich an einem Samstagmittag in einem Restaurant im Kamptal begab. Nach einer ÖVP-Veranstaltung in Krems – ich glaube, es war ein Landesparteitag – fuhren einige Teilnehmer zum Mittagessen in besagtes Restaurant, darunter auch der damalige Bundesparteiobmann der ÖVP, Dr. Josef Klaus, und meine Eltern. Man hatte dort eine U-Tafel vorbereitet, und meine Mutter saß neben Dr. Klaus, den man in der Mitte platziert hatte. Es wurde à la carte bestellt – sowohl Dr. Klaus als auch meine Mutter bestellten eine Portion Schweinsstelze. Der Ober brachte ihnen gemeinsam eine ganze Stelze und stellte sie in ihrer ganzen Pracht vor Dr. Klaus. In diesem Augenblick kam ein Fotograf und wollte Klaus mit der Stelze im Vordergrund fotografieren; Klaus wehrte sich: „Das kommt gar nicht in Frage; so können Sie mich nicht fotografieren." Es hätte ja auch wirklich nicht zu seinem Image gepasst. Meine Mutter – sie war eine stets lustige, eher rundliche Person – rettete die Situation. Sie stellte die Stelze vor ihren Teller und sagte zu Klaus: „Die nehm ich gern auf mich – mir glaubt man's eh eher als Ihnen."

Wir wollen diesen Exkurs hier beenden und uns wieder der unmittelbareren Nachkriegszeit zuwenden.

# Heurigenbegegnung mit einer russischen Delegation

Mein Vater wurde 1950 Generalsekretär der Bundeskammer der gewerblichen Wirtschaft; ihr Präsident war Julius Raab, der in der letzten Regierung Schuschnigg kurz Handelsminister gewesen war. Obwohl ihn die sowjetische Besatzungsmacht 1945 (eben deshalb) als Bundeskanzler abgelehnt hatte und er daraufhin die Funktionen des Präsidenten der Bundeswirtschaftskammer und des Klubobmanns des ÖVP-Parlamentsklubs übernahm, war er überzeugt davon, dass der Wiederaufbau Österreichs politisch und wirtschaftlich nur mit den Sowjets und nicht gegen sie gelingen könne, wobei er sich natürlich immer bewusst war, wie wichtig die Abgrenzung in gesellschaftspolitischer, wirtschaftsordnungspolitischer und ideologischer Hinsicht war. Und auch der Gefahr einer politischen oder auch nur wirtschaftlichen Hegemonie der Sowjetunion in Ostösterreich musste von Anfang an gegengesteuert werden.

Als Präsident der Bundeswirtschaftskammer war er daher um gute bilaterale Beziehungen bemüht, wobei es Raab als überaus wichtig ansah, die Entwicklung der österreichischen Industrie durch Öffnung von Aktionsradien im COMECON-Raum, also in dem von der Sowjetunion dominierten Wirtschaftsraum Osteuropas, zu ermöglichen. Und so kam es auf Einladung der Bundeskammer zu den ersten Handelsvertragsverhandlungen zwischen Österreich und der Sowjetunion. Eine hochrangige Wirtschaftsdelegation der Sowjets kam nach Wien, aber die Verhandlungen waren von Misstrauen geprägt, es ging nichts weiter. Für den Abend des ersten Arbeitstags hatte die Bundeskammer die Gäste zum Heurigen geladen –

ich glaube, mich zu erinnern, dass mein Vater, als er mir diese Geschichte erzählte, vom „Mayer am Pfarrplatz" sprach. Mein Vater kam als Generalsekretär eine halbe Stunde vor Beginn der Einladung zum Mayer und war entsetzt: Man hatte den Tisch für die sowjetische Delegation und die österreichischen Gastgeber nicht in einem reservierten Stüberl vorbereitet, sondern in einem größeren Raum. An den anderen Tischen in diesem Raum saßen Wiener Heurigengäste. Eine Umdisposition war nicht mehr möglich, vor allem, weil es im Stüberl, das an sich zur Verfügung gestanden wäre, „saukalt" war – es waren eben Zeiten, in denen man nicht einfach alle Räume heizen konnte.

Nun muss man wissen, dass die Wiener zu dieser Zeit auf die Russen nicht gut zu sprechen waren. So hatte mein Vater die wohl nicht ganz unberechtigte Angst, es könnte zu Zwischenfällen kommen. Aber wie konnte man der Gefahr begegnen? Mein Vater versuchte es offensiv: Er stellte sich hin, erbat kurz die Aufmerksamkeit und erklärte den Heurigenbesuchern die Situation und die Wichtigkeit dieses Besuchs. Dass es eine russische Wirtschaftsdelegation sei, die da kommen werde, dass die Verhandlungen für Österreich große Bedeutung hätten, und wie wichtig es sei, dass sie morgen in einer guten Atmosphäre weitergingen. Er bat abschließend um Freundlichkeit; vielleicht könne man den Russen gar das Gefühl vermitteln, dass sie willkommen seien, dass die Wiener weltoffen in alle Richtungen seien usw.

Die improvisierte Rede hatte mehr Erfolg, als mein Vater gedacht hatte: Die eintreffenden Russen wurden freundlich, aber – wie man in Wien sagt – „ohne Trara" begrüßt. Nach einiger Zeit kam die Heurigenmusik, und einige Wiener sangen an ihren Tischen Wiener Heurigenlieder. Das gefiel den

Russen sehr und sie applaudierten. Daraufhin fragte einer der Wiener Heurigenbesucher die Gäste, ob sie nicht auch etwas singen könnten. Die Russen ließen sich nicht lange bitten und gaben unter großem Beifall russische Lieder zum Besten. Die Wiener antworteten wieder mit ihren Liedern, die Tische wurden schließlich zusammengerückt, es gab Trinksprüche, man prostete sich zu, klopfte sich auf die Schulter – die große Verbrüderung brach aus. Bei den Verhandlungen am nächsten Tag waren die Russen wie ausgewechselt. Der Heurige hatte „voll eingeschlagen" – übrigens auch in die Kasse der Bundeskammer.

# III. Große Persönlichkeiten des Wiederaufbaus

## Leopold Figl

Leopold Figl war – von Dezember 1945 bis April 1953 – der erste Bundeskanzler des wiedererstandenen Österreichs. In der Zeit der provisorischen Staatsregierung unter Staatskanzler Dr. Renner war Figl Staatssekretär und übrigens gleichzeitig auch Landeshauptmann von Niederösterreich. Im November 1953 wurde Figl Außenminister, eine Funktion, die er bis 1959 innehatte. Nach kurzer Zeit als Erster Präsident des Nationalrats wurde er Anfang 1962 wieder Landeshauptmann von Niederösterreich, eine Funktion, die er bis zu seinem Tod im Mai 1965 erfüllte.

Er war für den Wiederaufbau als Bundeskanzler zweifellos der richtige Mann zur richtigen Zeit. Er war jung (als er Bundeskanzler wurde, war Figl gerade erst 43 Jahre alt geworden) und dynamisch; seine demokratische Gesinnung stand außer Streit; sein Bekenntnis zu Österreich hatte man mit sechs Jahren KZ vergolten (1945 war Figl sogar zum Tode verurteilt worden); bei den Alliierten war er persönlich anerkannt, und zwar sowohl bei den Russen als auch bei den Westmächten.

Figl war von einer ungeheuren Begeisterung für seine Aufgabe getragen, und diese Aufgabe sah er sowohl im Wiederaufbau der staatlichen Organisation als auch in der Siche-

Ein niederösterreichisches Juwel feiert Geburtstag, 1972 (Figl)

rung der (Mindest-)Versorgung der Bevölkerung. Auch die Organisation von ausländischer Hilfe und die Ordnung der Verhältnisse zu den Besatzungsmächten waren ihm ein Herzensanliegen. Für all das kämpfte er – er arbeitete eigentlich nie, er kämpfte immer – mit einer außergewöhnlichen Dynamik und mit einem heute kaum mehr vorstellbaren persönlichen Einsatz praktisch rund um die Uhr (sieht man von etwa vier, fünf Stunden Schlaf ab), und das jahrelang.

## „Es lebe die Republik Österreich"

Als seine wichtigste Aufgabe sah es Figl an, die Menschen von der Lebensfähigkeit Österreichs zu überzeugen und für Österreich zu begeistern. So gut wie keine Rede – und er hielt täglich mehrere – endete anders als mit einem Bekenntnis zu Österreich: „Glaubt an dieses Österreich" in der Weihnachtsansprache 1945, oder sehr häufig mit den Worten „Es lebe die Republik Österreich".

Dieser Schlusssatz wurde aus verschiedenen Gründen so bekannt: einmal, weil er an jede Rede angehängt wurde, ob es nun passte oder nicht. Figl verwendete diesen Satz am Schluss einer Erklärung im Parlament ebenso wie am Ende einer Rede bei einer Weihnachtsfeier, auf einem CV-Kommers oder bei einem Besuch auf einem Volksfest oder einer Sportveranstaltung. Die Brücke zwischen den wechselnden Inhalten seiner Reden und dem erwähnten Schlusssatz bildete Figl mit seiner Persönlichkeit selbst: Er „stand" für dieses Bekenntnis, daher passte es zu ihm, und insofern passte es sozusagen zu jeder Rede.

Auch wurde der Satz „Es lebe die Republik Österreich" so besonders bekannt, weil ihn Figl stets mit großer Intensität, laut und mit der für ihn so typischen rauchigen Stimme ausrief. Dieses krächzend-rauchige Timbre war der Dauerzustand seiner Stimme. Es resultierte natürlich in erster Linie aus ihrem rücksichtslosen Einsatz. Figl sprach oft und laut im Freien, und da er es eben so gewohnt war, forcierte er bei jeder Rede, sogar im kleinen privaten Kreis.

Ein kleines G'schichterl, das ich persönlich, wenn auch schon Jahre nach seiner Kanzlerschaft, erlebt habe, muss ich hier erzählen:

Es war am Abend eines Tages im Frühjahr 1963. Figl war nach seiner Zeit als Bundeskanzler und Außenminister wieder Landeshauptmann von Niederösterreich, eine Funktion, die er mit allergrößter Begeisterung ausübte. Vormittags hatte ein ÖVP-Parteitag in Krems stattgefunden, anschließend ein Mittagessen, dann standen verschiedene Besuche am Programm, und die – inzwischen kleiner gewordene – Runde beschloss den langen Tag in der legendären Bauernstube Figls in der Peter Jordan-Straße im XIX. Bezirk. Mein Vater – damals Finanzminister – und meine Mutter waren auch dabei. Mein Vater hatte mich gebeten, ihn und Mutter in unserem privaten Peugeot zu chauffieren; so konnte er auf den Chauffeur verzichten und war trotz des offiziellen Einsatzes zumindest zeitweise im Kreise seiner Familie. Ich habe auf diese Weise noch die berühmte Bauernstube Figls persönlich sehen können.

Sie lag getrennt von den Wohn- und Schlafräumen im Halbstock des Hauses; ihr war – wenn ich mich recht erinnere – eine kleine Küche angeschlossen. Das ermöglichte Figl, noch zu später Stunde – nicht selten erst gegen Mitternacht – Bekannte, Freunde und vor allem auch politische Kontrahenten (der Innen- und der Außenpolitik) mitzubringen, ohne dass er dadurch das Familienleben und insbesondere den Schlaf der Kinder störte. Wie wertvoll diese Einladungen und die dort geführten Gespräche für den Verlauf von Verhandlungen waren, muss nicht betont werden.

Aber zurück zu meiner Geschichte: Nach dem langen Tag lud Figl die noch verbliebene Runde zu einem Besuch in seiner Bauernstube ein. Es dürften rund zehn Personen gewesen sein – ich habe nicht mehr alle in Erinnerung, jedenfalls war Eduard Hartmann, der damalige Landwirtschaftsminister, dabei. Kaum hatten wir in der Bauernstube Platz genommen, war auch schon die Hausfrau da – Hilde Figl war es gewohnt, auch mitten in der Nacht Gastgeberin zu spielen –, und in kürzester Zeit war nicht nur eingeschenkt, sondern stand auch ein (rustikales) Essen auf dem Tisch. Nach etwa einer halben Stunde stand Figl auf und hielt eine Rede. Er sprach in einer Art, wie er es auch vor hundert Gästen hätte tun können; er sprach – ganz kurz – von der Bedeutung des heutigen Parteitags, von der Notwendigkeit der Einigkeit in der Volkspartei (ein Dauerthema!) und – viel länger – von den Erfolgen für Österreich, von der Wichtigkeit einer mutigen und einigen Bundesregierung und davon, dass die Österreicher den Wiederaufbau und die Erringung der Freiheit durch ihre eigene Kraftanstrengung und Begeisterung geschafft hätten. Er verwendete Elemente von Reden, die sicher schon dutzende, wenn nicht hunderte Male verwendet worden waren. Für mich als jungen Menschen war das Ganze teilweise ein hochinteressantes Zeitzeugnis, teilweise freilich auch gespenstisch. Figl wurde vor der Hand voll von Freunden immer lauter und beendete die Rede naturgemäß mit: „Es lebe die Republik Österreich!"

## „*I aa net, Bua*"

Figl hatte einen enormen Bekanntheitsgrad. „Schau, der Figl", raunte man sich zu, wenn man ihn sah. Man wusste von Figl, man kannte ihn. Man wusste um seine persönliche Bescheidenheit, um seinen Einsatz, um seine Fehler – etwa, dass er oft und gerne ein Glas Wein, vielleicht auch mitunter eines zu viel, trank. Man respektierte ihn, bewunderte seinen Einsatz und lächelte über seine Schwächen. Vor allem aber: Man kannte ihn.

Das ist im Nachhinein betrachtet bemerkenswert, insbesondere wenn man bedenkt, dass es damals kein Fernsehen gab. Aber man kannte Figl von Fotos aus der Zeitung und aus den Berichten der Austria Wochenschau, die in etwa die Funktion der heutigen „ZiB" hatte, wöchentlich neu gemacht wurde und in allen Kinos vor den Hauptfilmen – und darüber hinaus in eigenen „Wochenschau-Kinos" nonstop – gespielt wurde.

Und viele Menschen kannten Figl aus eigenem Erleben. Es zeichnete Figl aus, dass er keine Gelegenheit versäumte, „unter den Leuten" zu sein. Es war für ihn kein inszeniertes Auf-die-Menschen-Zugehen, sondern eine Selbstverständlichkeit und ein Bedürfnis. Meine Frau erzählte mir einmal davon, dass sie mit ihren Eltern bei einem Skispringen am Semmering gewesen sei – es gab damals noch eine kleine Schanze am Hirschenkogel –, und plötzlich sei ein Raunen durch die Umgebung gegangen: Der Figl sei da gewesen, mit seiner Frau und seiner Tochter, mitten unter den Leuten. Nicht auf einer VIP-Tribüne, nicht inszeniert, er war einfach da. Figl ging zu Kirtagen und Weihnachtsfeiern, Festveranstaltungen, Messeeröffnungen und – mitunter – abends ins Theater. Meist unangemeldet, einfach so, unter die Leut' eben.

Dazu kann ich eine Episode erzählen, die sich Anfang der Fünfzigerjahre im Kärntner Stadttheater vor einer Operettenaufführung zutrug. Man hatte im Publikum den Bundeskanzler entdeckt und das sofort der Direktion mitgeteilt; diese reagierte schnell und bat den Dirigenten, Figl zu Ehren zu Beginn der Aufführung die Bundeshymne zu intonieren. Der Dirigent kam herein, und man spielte die Bundeshymne. Alle standen auf, doch niemand konnte wissen, dass Figl gar nicht selbst da war; man verwechselte ihn mit einem gewissen Herrn Weiß aus Maria Wörth, der Figl in der Tat unerhört ähnlich sah. Herrn Weiß, der die Geschichte später gerne erzählte, war das Ganze sehr unangenehm; er spielte die Rolle natürlich nicht weiter und versuchte so wenig wie möglich mit anderen Menschen im Theater in Kontakt zu kommen. Spätestens daran hätte man übrigens merken können, dass es sich nicht um Figl handelte.

Auch von einer persönlichen Begegnung möchte ich gerne berichten, die sich 1950 oder 1951 abspielte. Figl war zur Eröffnung der Grazer Messe in die Steiermark gefahren, und mein Vater, der damals schon Generalsekretär der Bundeskammer war, war – mit meiner Mutter und mir – ebenfalls nach Graz gekommen. Bei der offiziellen Eröffnung saßen meine Eltern als Ehrengäste irgendwo in den ersten Reihen; ich stand hinten. Nach Abschluss der Eröffnungszeremonie meinte mein Vater, wir sollten uns jetzt die Messe anschauen, aber nicht „im Schwaf" der Offiziellen, sondern selbstständig. Das taten wir, und nach einiger Zeit trafen wir auf die uns unter Führung des Bundeskanzlers entgegenkommende offizielle Gruppe. Herzliche Begrüßung, denn ich war dem Bundeskanzler auch als Bub schon persönlich bekannt. Zufällig spielte sich dieses Zusammentreffen vor einem Stand der

Fügung des Schicksals:
Am Weltmilchtag wurde Leopold Figl Nationalratspräsident, 1960

Milchwirtschaft ab, und über Ersuchen der Austria Wochenschau gab man Figl, zwei oder drei anderen Herren aus dieser Gruppe und auch mir ein volles Glas Milch in die Hand. Ich muss hier einfügen, dass ich überhaupt keine Milch mochte (und auch heute noch nicht mag) und das Glas nur aus Respekt vor dem Bundeskanzler in die Hand nahm. Als dann der Kameramann uns bat, zu trinken, hielt ich Figl das Glas hin und sagte in einer Mischung aus Ablehnung gegenüber der Milch und Ängstlichkeit und Hochachtung vor dem Bundeskanzler: „Herr Bundeskanzler, ich bring das nicht hinunter." Worauf Figl beide Gläser – seines und meines – zurückgab, mir auf die Schulter klopfte und sagte: „I aa net, Bua."

Man würde nur einen Teil der Persönlichkeit Figls erfassen, wenn man verschwiege, dass Figl sehr viel rauchte und auch viel und gerne trank. „Sicherheitshalber" lagen im Kofferraum seines Dienstwagens immer einige Flaschen „Wachtberg" – ein von ihm besonders geschätzter Grüner Veltliner aus der Weinbauschule Krems. Figl war der Überzeugung – und zur damaligen Zeit war das wohl auch nicht so ganz falsch –, dass es in vielen Teilen Österreichs keinen wirklich guten, leichten Weißwein gebe, und da trank er eben lieber den durchgeschüttelten Wachtberg als den Weißen, den man an bestimmten Orten gerade anbot.

Auch meine Eltern – und später auch ich – tranken gerne einen Kremser Wachtberg, wobei die Vorliebe Figls für diesen Wein für mein eigenes Trinkverhalten sicher nicht ohne Bedeutung war. Ich bestellte etwa im Restaurant Sacher noch viele Jahre später sehr oft einen Wachtberg (er wurde auch bei der Tafel zu meiner silbernen Hochzeit serviert). Es war wie ein kleiner Kulturschock, als eines Tages die Weinkarte des Restaurants im Hotel Sacher verändert wurde und der Kremser Wachtberg nicht mehr darauf zu finden war. Einige Restflaschen hatte man mir jedoch noch aufgehoben, und ich bekam ihn, solange der Vorrat reichte, sozusagen „unter der Hand". Aber dann ging die Ära des Wachtberg endgültig zu Ende – und damit vielleicht auch manches andere, für das der Lieblingswein Leopold Figls als symbolträchtige Chiffre steht.

Figl war ein gläubiger und praktizierender Katholik, und eine Fastenübung vor der Feier der Auferstehung war ihm ein selbstverständliches Anliegen. Nichts hätte ihm ein größeres Opfer abverlangt als eine Einschränkung des Rauchens und Trinkens. In der Karwoche rauchte er vom Palmsonntag an bis zur Auferstehungsfeier keine einzige Zigarette und trank keinen Tropfen Alkohol. Seine Frau erzählte meiner Mutter allerdings einmal, dass er gegen Ende dieser Zeitspanne schon recht fahrig und nervös werde und sie daher immer für die Familie eine Auferstehungsfeier gesucht habe, die am Karsamstag möglichst früh begann.

## „Kümmerts euch um die ausländischen Gäste"

Figl war es stets wichtig, eine Atmosphäre zu schaffen, in der Gespräche gut und erfolgreich geführt werden konnten. Und es gehörte zu seinen großen Begabungen, das auch zustande zu bringen.

Diesem Zweck dienten auch die bereits erwähnten legendären Abende in der berühmten Bauernstube: Nicht, dass dort verhandelt worden wäre; vielleicht ist die eine oder die andere Idee dort entstanden oder die eine oder andere Übereinstimmung in kontroversen Fragen dort entdeckt worden – aber das war nicht die Funktion der Bauernstube. Ihre Funktion war es vielmehr, die Menschen ins Gespräch zu bringen, persönliche Kontakte aufzubauen und eine Atmosphäre zu schaffen, die dann bei passender Gelegenheit einen Verhandlungserfolg begünstigen konnte.

Diese Aufgabe, die Leute miteinander ins Gespräch zu bringen, hat Figl schon als Bundeskanzler und dann insbesondere in seiner Zeit als Außenminister wahrgenommen; das Anliegen war ihm aber so in Fleisch und Blut eingegangen, dass er es auch als Landeshauptmann von Niederösterreich besonders ernst genommen hat. Auf Figl geht etwa die Tradition zurück, dass der österreichische Außenminister einmal im Jahr die in Wien akkreditierten Botschafter zu einem Ausflug einlädt. Figl dürfte es dabei tatsächlich in besonderem Maß gelungen sein, eine entspannte Atmosphäre zu schaffen. Dafür mag als Beweis eine Geschichte dienen: Mein Vater, der – weil ja kein Diplomat – bei diesen Ausflügen selbst nicht dabei war, erfuhr einmal von Teilnehmern, dass bei der den Ausflug abschließenden Schifffahrt auf der Donau eine so gute Stimmung herrschte, dass der Apostolische Nuntius, der spätere Kardinal Opilio Rossi, unter großer Begeisterung aller anwesenden Diplomaten „O sole mio" gesungen habe. Meinem Vater, der Rossi bei der nächsten Gelegenheit darauf ansprach, sagte der Nuntius nur: „Bitte erinnern Sie mich nicht – aber es war wirklich ein sehr netter Abend."

Ein anderes G'schichterl kann ich aus eigenem Erleben erzählen: Ich war von meinem Vater wieder einmal als Chauffeur eingeteilt worden und führte ihn – er war damals Finanzminister – zu einem Festkonzert in der Bibliothek des Stifts Altenburg, mit dem die abgeschlossene Restaurierung des Stifts gefeiert werden sollte. Mein Vater nahm – völlig zu Recht – an, dass mich dieses Eröffnungskonzert besonders

An der schönen, blauen Donau, 1962 (Figl)

interessieren könnte, und meinte, wenn ich die Chauffeurdienste übernähme, könne ich bei diesem Konzert dabei sein.

Wir fuhren also nach Altenburg, und nach Abschluss des – beeindruckenden – Konzerts gab der Landeshauptmann von Niederösterreich Leopold Figl einen Empfang in den Prunkräumen des Stifts. Dort habe ich selbst erlebt, wie Figl herumging und Gruppen von miteinander plaudernden Österreichern mit den Worten auflöste: „Red's net so viel miteinander, kümmerts euch um die ausländischen Gäste."

Die große außenpolitische Aufgabe, die Figl schon als Bundeskanzler und dann als Außenminister mit unglaublichem Einsatz verfolgte, war der Abschluss eines Staatsvertrags, mit dem Österreich wieder seine volle staatliche Souveränität erhalten, die Gefangenschaft auch der letzten Kriegsgefangenen beendet werden, die österreichischen Grenzen gesichert und Österreich als eigenständiges Mitglied der Staatengemeinschaft anerkannt werden sollte.

In Dutzenden von Verhandlungen, denen jeweils viele Vorbesprechungen vorausgingen, kämpfte er für dieses Ziel, das mehrmals greifbar nahe lag und dann doch nicht erreicht wurde. In ungezählten persönlichen Begegnungen bemühte sich Figl um eine freundschaftliche Grundstimmung – vor allem die persönliche Atmosphäre seines Elternhauses in Rust im Tullnerfeld und die Gastfreundschaft in der schon genannten Bauernstube setzte er dabei häufig ein.

Als die Staatsvertragsverhandlungen dann, nachdem Raab im April 1955 den Durchbruch bei den Sowjets geschafft hatte, zum Abschluss kamen, war unter anderem die Frage zu klären, wer den Vertrag unterschreiben sollte. Für die Besatzungsmächte unterschrieben die jeweiligen Außenminister und die Hochkommissare (später Botschafter). Für Österreich sollten Bundeskanzler Raab und Außenminister Figl unterschreiben. Das jedoch wurde von den Sozialisten in der Regierung nicht goutiert, denn dann hätten je zwei „Schwarze" unterschrieben. Also schlug Adolf Schärf vor, dass neben dem Bundeskanzler er als Vizekanzler unterschreiben solle. Raab war wiederum der Gedanke unerträglich, dass Figl, dessen Lebenswerk der Staatsvertrag war, nicht unterschreiben sollte, und er entschied autoritär: „Für uns unterschreibt der Außenminister allein." Und so geschah es auch. Figl unterschrieb übrigens (wie er das als früherer Bauernbundfunktionär auch sonst immer tat) mit grüner Tinte – eine Gewohnheit, die die aus dem Bauernbund kommenden Politiker heute noch üben.

Die Trauer war groß, als man Leopold Figl fast genau am 10. Jahrestag der Unterzeichnung des Staatsvertrags am Wiener Zentralfriedhof bestattete. Nach dem Begräbnis – ich war noch ein bisschen bei den Ehrengräbern geblieben, um einiger Personen an deren Grab zu gedenken – ging ich an der Witwe Figl vorbei, die gerade mit Dr. Edith Mock, der Gattin des damaligen Unterrichtsministers Dr. Alois Mock, beisammen stand. Als mich Frau Dr. Mock Hilde Figl vorstellen wollte, da huschte ein leichtes Lächeln über das tieftraurige und verweinte Gesicht der Witwe: „Aber geh, das ist ja der Karli, den kennen wir doch schon, seit er ein kleiner Bub war."

1989 hat dann beim Begräbnis von Hilde Figl Dr. Martha Kyrle, die Tochter des früheren Vizekanzlers und Bundespräsidenten Dr. Adolf Schärf, die Traueransprache gehalten – in Erinnerung an die vielen gemeinsamen karitativen Bemühungen und die persönliche Freundschaft der beiden Frauen zueinander. Martha Kyrle hatte nach dem Tod ihrer Mutter – mit selbstverständlichem Pflichtbewusstsein und unter Hintanstellung ihrer erfolgreichen ärztlichen Tätigkeit – die Funktion der ersten Dame im Staat übernommen. Unüberschaubar war die Zahl der Trauergäste am Neustifter Friedhof. Ich werde nie vergessen, wie zum Abschluss der Begräbnisfeierlichkeit hunderte Menschen bewegt die letzte Strophe des Osterliedes „Der Heiland ist erstanden" gesungen haben:

> *„Wie Du vom Tod erstanden bist,*
> *lass uns erstehen, Herr Jesu Christ – Hallelujah."*

Historiker bemühen sich immer, bestimmte Daten für den Beginn oder das Ende einer Epoche zu nennen. Ich bin kein Historiker, und dieses Buch ist kein Geschichtsbuch. Aber nach meinem Gefühl bildete dieses Begräbnis eine deutliche Zäsur.

## Julius Raab

Der wichtigste Protagonist des österreichischen Wiederaufbaus war zweifellos Julius Raab. Gerade über ihn kann ich einige G'schichterln und Anekdoten zum Besten geben, die noch nicht allgemein bekannt sind. Meine Eltern und das Ehepaar Raab waren nämlich wie erwähnt eng befreundet; die Kontakte gingen in die Zeit vor dem „Anschluss" zurück; entwickelt hat sich die Freundschaft aber insbesondere während der Nazizeit, als man sich im Kreise politisch Gleichgesinnter regelmäßig traf.

In diese Freundschaft wurde ich schon als Kind mit einbezogen: Raab war für mich jemand, den man in Wien auch dann als „Onkel" bezeichnet, wenn nicht die entferntesten verwandtschaftlichen Beziehungen bestehen. Als seine Witwe Hermine nach dem Begräbnis Raabs die engsten Freunde der

Familie zum „Wegenstein" in der Nussdorfer Straße einlud, brachte sie mir die Uhrkette ihres Mannes als Andenken an den „Onkel Julius" mit. Ich halte diese Kette in großen Ehren und habe sie bei persönlichen wichtigen Anlässen auch schon mehrfach getragen – etwa, als mir Nuntius Squicciarini eine päpstliche Auszeichnung überreichte, oder bei meiner Angelobung als Präsident des Verfassungsgerichtshofes. Ich trage sie dann mit der alten Taschenuhr meines Großvaters, die übrigens nach wie vor auf die Minute genau geht.

Den „Wegenstein" hatte Hermine Raab offenbar in Erinnerung an viele Abende gewählt, die sie mit Freunden dort verbracht hatte und zu denen zumeist nach einer politischen Veranstaltung Julius Raab „nachgekommen" war. So geschah das etwa im Regelfall nach den Premieren im Theater in der Josefstadt, nach denen meine Eltern mit Hermine Raab und deren sie ständig begleitenden Krankenschwester Gerarda zum Wegenstein zum Essen gingen. Mehrmals war ich bis zum Eintreffen Raabs der „Herr in der Runde", und zwar immer dann, wenn ich meine Mutter ins Theater begleiten durfte, weil mein Vater ebenfalls eine offizielle Veranstaltung zu besuchen hatte. Gar nicht selten kam dann Raab mit meinem Vater gemeinsam nach.

Aber ich will mich bemühen, beim Erzählen halbwegs systematisch vorzugehen. Deshalb möchte ich mit einer Geschichte beginnen, die ein bisschen aus der Reihe fällt, weil weder mein Vater noch ich dabei war; andere haben sie jedoch bezeugt, und sie gehört chronologisch an den Anfang der G'schichten aus der Zeit des Wiederaufbaus.

## „*Dann mach ich dir halt den Klub*"

Die Geschichte zeigt, mit welcher schier unglaublichen politischen Intuition Raab begabt war, wie er in der Lage war, politische Situationen blitzartig zu erfassen und eine für die Sache oder für ihn wesentliche politische Entscheidung herbeizuführen – und wie er bei wesentlichen Entscheidungen auch Emotionen gänzlich ausschalten konnte.

Als die Sowjets im Dezember 1945 vor der Gründung der ersten Regierung in Österreich ihr Veto gegen die Nominierung von Raab als Minister für Wirtschaft und Wiederaufbau einlegten und Leopold Figl darüber im Kreis der ÖVP berichtete, war die Empörung groß. Die Sowjets begründeten ihre ablehnende Haltung damit, dass Raab als Handelsminister der letzten ständestaatlichen Regierung vor der Okkupation Österreichs durch Nazi-Deutschland angehört habe.

Nach Figls Bericht über diese Entwicklung sagte Raab – noch bevor in der Sitzung über diese Einmischung gesprochen wurde und die möglichen Konsequenzen erörtert werden konnten – zum designierten Bundeskanzler Figl: „Dann mach ich dir dafür halt den Klub."

Die rasche politische Reaktion und die Autorität Raabs verhinderte jede weitere Diskussion. Die Konsequenz der Entscheidung Raabs war, dass er, der als Präsident der Bundeswirtschaftskammer einerseits die Sozialpartnerschaft mitverkörperte, nunmehr als Klubobmann auch zu einer der wesentlichen Säulen der Gesetzgebung und damit der Regierungspolitik wurde. Mit einem Schlag hatte er nun die zwei damals wichtigsten Gestaltungsposten innerhalb der österreichischen Volkspartei inne.

Das Konzert – Das heitere Quartett, 1957 (Raab, Helmer, Pittermann, Figl)

Der in dieser raschen Entscheidung zum Ausdruck kommende politische Instinkt und die enorme Autorität Raabs kamen ihm (und Österreich) Zeit seines Lebens zugute; es wird darauf zurückzukommen sein. Verbunden waren diese Begabungen mit einem guten „G'spür" für fachliche Fähigkeiten und Begabungen anderer Menschen. Zwei Beispiele:

1957 erlebte er bei einem seiner – nicht häufigen – Konzertbesuche den damals elfjährigen Rudolf Buchbinder als Pianisten, war – obwohl er wirklich kein Musikkenner war – begeistert und bot ihm seine Unterstützung in der Ausbildung an; er wurde dann auch Buchbinders Firmpate.

Bei der Entscheidung über die Nachfolge von Kardinal Innitzer als Erzbischof von Wien drehte er – wie das Konkordat es der Regierung gestattet – den Dreier-Vorschlag des Heiligen Stuhls (Jachym – Weinbacher – König) einfach um und machte dadurch Franz König zum Erzbischof von Wien. Welche Konsequenzen das für die österreichische Entwicklung und für die Weltkirche haben sollte, wissen wir heute.

Eine weitere Stärke Raabs war seine Fähigkeit, Verhandlungen zu führen. Raab war auf Verhandlungen stets gut vorbereitet – die häufig tradierte Geschichte von den einsamen Entscheidungen Raabs ist völlig unrichtig. Raab hatte einige Personen seines Vertrauens, die er immer um ihre Meinung fragte, bevor er entschied. Die Entscheidungen trugen dann oft auch seine persönliche Handschrift; aber umfassend informiert war Raab vor jeder Entscheidung. Seine Verhandlungsführung zeichnete außerdem eine besonders rasche Auffassungsgabe aus, weiters eine enorme Zähigkeit in den für ihn entscheidenden Punkten und eine Nachgiebigkeit in aus seiner Sicht weniger wesentlich Punkten, und schließlich eine absolute Handschlagsqualität. Außerdem konnte er mit unglaublicher

Schwierige Tage, 1959 (Raab)

Schnelligkeit geradezu schachspielartig weiterdenken – die Worte „et respice finem" habe ich oft von ihm gehört. Diese Fähigkeit war in den Verhandlungen vor allem deshalb so besonders wirkungsvoll, weil Raab nach außen den Eindruck eines eher schwerfälligen, sehr bedächtigen Mannes machte. Dass er unter dieser Oberfläche so rasch und präzise denken und Folgen abschätzen konnte, traute man ihm meist nicht zu.

## *Unkompliziert und bescheiden*

Ich komme nun zu einigen Geschichten, die weitere wesentliche Eigenschaften von Julius Raab zu dokumentieren geeignet sind.

Die erste dieser Geschichten spielt in der Zeit vor der Kanzlerschaft Julius Raabs. Er war Präsident der „Bundeshandelskammer" – der Vorgängerin der heutigen Wirtschaftskammer Österreich –, und mein Vater war Generalsekretär. Die beiden fuhren zu einer Sitzung der internationalen Handelskammer nach Zürich – den damaligen Gepflogenheiten entsprechend im Schlafwagen. Es entsprach der Bescheidenheit Raabs, mit meinem Vater gemeinsam im Double zu fahren. Und es war für ihn auch ein selbstverständliches Gebot der Höflichkeit, meinen Vater zu fragen, wo er denn lieber liege; ihm sei das gleichgültig. Mein Vater entschied sich für das obere Bett, die beiden Herren zogen das Schlafgewand an und legten sich nieder. Dann Raab: „Stört es dich, wenn ich noch ein bisschen Licht lasse; ich lese gerne vor dem Einschlafen." Darauf mein Vater: „Das stört mich überhaupt nicht; was liest du denn?" – „Den blauroten Methusalem", antwortete Raab und zog den kleinen Karl-May-Band hervor. Diese Begebenheit illustriert nicht nur die Bescheidenheit

Die erste Tigerzeichnung, 1967 (Bacher)

Raabs, sondern auch eine gewisse Kleinbürgerlichkeit. Die wurde in der Öffentlichkeit von vielen geringschätzig beurteilt. Manche Verehrer Raabs haben hingegen versucht, zu leugnen, dass Raab diesem Milieu entstammte. Sehr zu Unrecht: Raab selbst hat das nie geleugnet. Seine Herkunft aus dem kleinbürgerlichen Milieu, das er nie wirklich verlassen hat, war die Basis für seine unkomplizierte Persönlichkeit, seine absolute Redlichkeit, seine selbstverständliche Achtung vor dem Mitmenschen und das Fehlen jeglicher Überheblichkeit.

Mir fällt dazu ein sehr kluger Satz Gerd Bachers ein, der deutlich macht, dass es genau diese Kleinbürgerlichkeit der „Politiker der ersten Stunde" war, der Österreich seinen Wiederaufbau und seine staatliche Souveränität verdankt. Gerd Bacher hat über Männer wie Raab, Figl, Helmer und Böhm gesagt: „Sie waren schlechte Redner, sie lasen wenig Bücher, tranken immer denselben Wein und aßen die gleichen drei Gerichte – aber sie haben das Vaterland gerettet."

Die persönliche Bescheidenheit Julius Raabs war die Folge seiner unkomplizierten Persönlichkeitsstruktur. In persönlichen Dingen war er geradezu naiv. Als ihm meine Mutter einmal sagte, es müsse doch sehr schwer sein für einen Bundeskanzler, bei den verschiedenen Anlässen, für die verschiedenen Aufgaben, die er im Laufe eines Tages zu besorgen habe, immer richtig angezogen zu sein, meinte er nur: „Naa, naa – mit an schwarzen Anzug is ma immer richtig an'zogen." Und als er im höheren Alter krank war, sah er nicht zuletzt deshalb so schlecht aus, weil er seine alten, nun zu großen Hemden trug, die weit vom dünn gewordenen Hals weghingen. Auf die Anregung hin, er solle sich doch – zumindest für seine öffentlichen Auftritte im Bundespräsidentenwahlkampf –

Staatsbesuch in Japan, 1959 (Raab)

neue Hemden machen lassen, antwortete er nur: „Ich kann doch die alten nicht einfach wegschmeißen."

Die Einfachheit und persönliche Anspruchslosigkeit Raabs spiegelten sich auch in seinen Essgewohnheiten wider – man erinnere sich an den zuvor zitierten Satz Gerd Bachers. Wenn Raab kein offizielles Essen hatte, besuchte er immer dieselben Lokale. Sie boten die klassische Wiener Küche: nicht allzu leicht zubereitet, ein bisschen wie zu Hause und von einwandfreier Qualität – „gutbürgerlich" nannte man das damals. Raab ging nur in diese Lokale Mittagessen, und zwar nach einer ganz bestimmten Regel: Montags war er beim „Stibitz", dienstags beim „Stiedl", mittwochs in der „Linde", donnerstags beim „Marhold" usw. Er aß am liebsten gekochtes Rindfleisch (in den verschiedenen Variationen), Faschiertes, Wiener Schnitzel, Schweinsbraten, Gulasch – also die klassische Wiener-Böhmisch-Ungarische Küche.

Manchmal blieb er überhaupt über mittags im Büro, aß eine Kleinigkeit und legte sich dann ein bisserl nieder. – Auch dazu ein G'schichterl: Mein Vater ging einmal ins Kanzleramt, um mit Raab etwas Wichtiges zu besprechen, ein Problem, das erst am Vormittag „ausgebrochen" war. Die beiden Herren waren einander so verbunden, dass es selbstverständlich war, dass mein Vater in solchen Fällen ohne jede Voranmeldung einfach „vorbeischaute", um den Kanzler zu informieren oder ihm seine Meinung zu einem aktuellen Problem zu sagen. Wie gewohnt ging also mein Vater zum Kanzleramt am Ballhausplatz, in den ersten Stock hinauf, durch das Vorzimmer, in dem eine neue Mitarbeiterin saß, die meinen Vater nicht kannte. Er sagte „Grüß Gott, ich geh nur einen Sprung zum Kanzler." Sie rief ganz echauffiert: „Das geht nicht, der Herr Bundeskanzler speist mit seinem Sekretär!" Mein Vater antwortete nur kurz: „Das macht nichts!", und ging ins Zimmer des Kanzlers. Dort saß Raab neben seinem Sekretär – ich vermute, es war Ludwig Steiner – auf der Couch der Sitzgarnitur und in der Tat: Sie „speisten" – jeder in einer Hand eine Knackwurst und in der anderen eine Semmel.

Auch wenn Raab reiste, hatte er die Gewohnheit, bei ihm bekannten Gasthäusern Pause zu machen. Bei allen Fahrten in den Süden etwa war in Maria Schutz die erste Station, aber nicht in dem der Bäckerinnung gehörigen Kurhotel, sondern „beim Löffler" („I geh zu de Privaten und net in a Kammerhotel").

Eine Fahrt ist mir besonders gut in Erinnerung – die Fahrt zu einem Besuch des Österreich-Pavillons auf der Triester Messe, die Raab, damals wieder Präsident der Bundeskammer, in Begleitung seines damaligen Sekretärs Dr. Heinrich Kainz und meines Vaters, der Generalsekretär der Bundeskammer war, machte. Meine Mutter und ich begleiteten meinen Vater. Wir fuhren mit zwei Autos; Raab fuhr als Bundeskammerpräsident immer mit einem Chevrolet, in dem es etwas damals noch Besonderes gab: ein Autoradio. Und am Tag der Reise nach Triest fand ein Fußball-Ländermatch statt, das im Radio übertragen wurde.

Als Raab und meine Eltern bei der Jause mit der Familie Löffler zusammensaßen, fragte ich Raab, ob ich mir in seinem Auto die Ländermatch-Übertragung anhören dürfe, was er selbstverständlich gestattete. Ich ging also hinaus und setzte mich – mit den beiden Chauffeuren – ins Auto von Raab und wir hörten die Übertragung. Das wäre an sich nicht berichtenswert; berichtenswert aber ist, dass nach einigen Minuten Raab zu uns in sein Auto kam, sich nach dem Stand der Begegnung erkundigte und sagte: „Ich hör mir das auch an."

In der Spielpause gingen wir wieder in den Gasthof hinein, verabschiedeten uns von der Familie Löffler und machten uns auf die Weiterfahrt. Raab lud mich ein, für eine Zeit lang mit ihm zu fahren, damit wir uns gemeinsam die zweite Hälfte des Matchs anhören können. Erst als die Übertragung beendet war, wechselte ich wieder zu meinen Eltern ins Auto.

Seine einfache Persönlichkeitsstruktur, der jede Doppelbödigkeit fehlte, war politisch gesehen wohl mit der Grund dafür, dass Raab Vertrauen einflößte wie kaum ein anderer österreichischer Politiker des vergangenen Jahrhunderts. Man glaubte ihm einfach. Er war in seinem Reden und seinem Handeln berechenbar; er sprach und tat nichts Überflüssiges; was er tat und sagte, war jedoch plausibel. Das gab den „Österreicherinnen und Österreichern", wie er sie in seinen regelmäßigen Radiosendungen ansprach, Vertrauen. Diese Ansprachen waren keine „guten Reden", wie wir von Gerd Bacher wissen, aber sie waren inhaltsreich, einfach erklärend und ehrlich. Und so etwas spüren die Menschen. Raab machte nicht Politik über die Medien, versuchte nicht, durch kleine „Sticheleien" andere bloßzustellen, in ein Eck zu rücken, etwas abzutesten. Auch fehlte den Reden jede „Hinterfotzigkeit" oder verbale Schärfe. Er nutzte eine Rede offenkundig dazu, den Menschen mit einfachen Worten zu erklären, was er politisch wollte oder bereits getan hatte.

## Respekt vor anderen

Julius Raab zeichnete auch die Wertschätzung für und der Respekt vor anderen Menschen aus. Raab war das Gegenteil von überheblich. Noch als alter, von Krankheit schon deutlich gezeichneter Mann stand er etwa auf, wenn er in einer Diskussion in größerem Kreis etwas zu sagen hatte – aus Höflichkeit und Respekt vor den anderen.

Raab war jedermann gegenüber von ausgesuchter Höflichkeit. Es war für ihn etwa selbstverständlich, vor jedem Menschen, der ihn auf der Straße grüßte, den Hut zu ziehen und den Gruß zu erwidern. In seiner Haltung kam ein großer Respekt gegenüber anderen Menschen, gegenüber Menschen jeder Herkunft und jeden Alters zum Ausdruck.

Das zeigte sich auch im privaten Verkehr: Er stand selbstverständlich immer auf, wenn eine Dame zu Tisch kam, und wenn er jemanden am Abend mit dem Auto nach Haus bringen wollte, so sagte er dem Chauffeur immer, dass man zuerst den Gast nach Hause bringe, und er erst dann nach Hause geführt werden wolle.

Auch in diesem Zusammenhang möchte ich ein kleines G'schichterl erzählen, das überdies auch die legendäre Kunst Raabs belegt, mit ganz knapp formulierten Bemerkungen viel mehr zu sagen, als die Worte für sich zum Ausdruck bringen. Häufig dienten solche „Sager" – wir werden noch von weiteren Beispielen lesen – der Kommentierung, die meist ins Schwarze traf; mitunter formulierte er aber so auch in humorvoller Weise Kritik und nahm ihr gleichzeitig die Schärfe. Nun aber zu meinem G'schichterl:

Einmal begleitete Raab seine Frau in eine Premiere im Theater in der Josefstadt; so etwas kam selten vor – für Kunst hatte er wirklich nicht viel über. Aber man gab ein Stück, das „Politik und Liebe" hieß, ein Lustspiel, von dem er sich offenbar – völlig zu Unrecht, wie sich herausstellte – Interessantes zu politischen Themen oder auch zur Politik an sich erwartete. An diesem Abend begleitete ich meine Mutter ins Theater, da mein Vater einen Abendtermin hatte; in der Pause besuchten wir das Ehepaar Raab in ihrer Loge. Raab stand sofort auf, als wir in die Loge kamen, begrüßte uns und bot meiner Mutter seinen Sessel an. Meine Mutter hatte ein damals modernes kleines Pelzhütchen auf – eigentlich einen Pelzstreifen quer über der Frisur –, und Hermine Raab sagte zu ihr: „Haben Sie aber einen lieben Hut!" Raab lächelte verschmitzt auf meine Mutter herunterblickend (er hatte ihr ja seinen Sessel überlassen) und brummte: „Ah, das is a Huat."

Ich will in diesem Zusammenhang von einer weiteren Gewohnheit Julius Raabs erzählen: In der Nachkriegszeit gab es noch viel mehr Zeitungskolporteure, die abends durch die Restaurants, Gasthäuser und Heurigenlokale gingen und Zeitungen zum Verkauf anboten. Es gab damals viele Tageszeitungen, vor allem auch solche, die unter dem Einfluss einer Besatzungsmacht standen oder von einer politischen Gruppe herausgegeben wurden. Raab kaufte jedem Kolporteur eine Zeitung ab – ob es nun der „Kurier", die „Österreichische Zeitung", das „Kleine Volksblatt" oder die „Arbeiter-Zeitung" (die beiden letzteren waren die Parteizeitungen der ÖVP bzw. der SPÖ) waren. Und er kaufte auch dem dritten Kolporteur noch eine Zeitung ab, und zwar auch dann, wenn er die angebotene Zeitung schon hatte. Dann schenkte er eben die Zeitung dem Kellner oder jemand anderem. Und immer gab er den Kolporteuren ein ordentliches Trinkgeld. Als er einmal von einem Bekannten gefragt wurde, warum er denn eine Zeitung auch mehrfach kaufte, sagte er: „Schau, wann einer in der Nacht Zeitungen verkauf'n geht, dann kann er das Geld brauchen."

Auch die folgende kleine Geschichte passt in diesen Zusammenhang:

Das Ehepaar Raab – Raab war damals Bundeskanzler, es muss etwa im Sommer 1954 gewesen sein – verbrachte seinen Urlaub im Tiroler Obladis. Meine Eltern machten ihm einen Sommerbesuch, und ich durfte wie so oft dabei sei. Man machte einen Spaziergang, bei dem die beiden Herren etwas Wichtiges besprachen; ich ging mit meiner Mutter und Frau Raab. Nach dem Spaziergang kam man zurück ins Hotel und jausnete. Die Erwachsenen plauderten miteinander und versuchten ab und zu, mich einzubeziehen. Dann aber stand Julius Raab auf, holte ein vorbereitetes Spiel, legte es auf den Tisch und sagte: „Damit dem Buam net fad wird." Und wir spielten zu fünft „Mensch ärgere dich nicht".

Ich empfand das damals als gar nichts Besonderes; er war zu mir ja immer nett, der hochgeschätzte „Onkel Julius". Aber in der Rückschau merkt man doch, dass in diesem Verhalten Raabs viel mehr lag als bloße Freundlichkeit: nämlich die Anerkennung eines Kindes als Persönlichkeit, dem man auch an einem Urlaubstag als Bundeskanzler eine Freude machen muss. Meine Eltern erzählten mir von diesem Spiel in Obladis später einmal ein G'schichterl, an das ich mich selbst nicht erinnern konnte. Raab soll einmal „3" gewürfelt haben, wäre damit aber auf ein schlechtes Feld gekommen und zog wortlos um zwei Felder weiter. Ich muss entsetzt gewesen sein: Der von mir geradezu verehrte Bundeskanzler Raab schwindelte! Angeblich hab ich mich aber schnell wieder gefangen, denn ich soll bei meinem nächsten Wurf sechs statt vier Felder weit gezogen sein.

Das Prinzip des „Apropos", das dieses Buch teilweise beherrscht, führt mich zu einer Anekdote, die zeigt, dass das Schwindeln beim Spiel befreundeter Politiker einfach dazugehörte. Insbesondere die „Agrarier", wie man damals die Bauernbündler oft nannte, liebten es, bei jeder sich bietenden Gelegenheit zu „schnapsen". Nach einer Klausursitzung und dem abschließenden Abendessen saßen wieder einige Freunde beim Kartenspiel. Mein Vater sah zu und erzählte mir später zu Hause, dass dabei Figl einmal die Atout-Dame ausspielte und dazu „40" sagte. Ganz ruhig antwortete sein Gegenüber – ich glaube, es war der alte Bauernfunktionär Johann Steinböck –: „Geht net, den König hab i." Kein weiterer Kommentar, keine Diskussion – es war offenkundig ganz selbstverständlich und vom Partner akzeptiert, dass man versuchte zu schwindeln.

In diesem Zusammenhang muss ich noch von einem anderen Besuch berichten, der fast zwanzig Jahre später stattfand, als Raab nach seiner Kanzlerschaft wieder Präsident der Bundeskammer war.

Meine Eltern machten an einem Abend knapp vor Weihnachten – wahrscheinlich war es der 22. Dezember – ihren Weihnachtsbesuch beim Ehepaar Raab, das die Weihnachtsfeiertage damals im Hotel Esplanade in Baden verbrachte. Ich fungierte wieder einmal als Chauffeur. Solche Besuche verliefen meist so, dass wir die Raabs im Hotelzimmer besuchten, dort einige Zeit lang plauderten und dann gemeinsam zum Essen gingen. Es war wie gesagt knapp vor Weihnachten, und es liefen gerade wieder einmal – wie häufig zu dieser Zeit – Verhandlungen um den Bäckereiarbeiter-Kollektivvertrag; die Gewerkschaften wussten, dass eine Streikdrohung zu Weihnachten besonders wirksam war und spielten diesen Trumpf mitunter auch aus. Die Lohnverhandlungen waren mit den Brotpreisverhandlungen verbunden; der Brotpreis war damals noch geregelt. Daher fielen die Verhandlungen in die Kompetenz des Innenministers; das war damals Josef Afritsch von der SPÖ.

Am Nachmittag hatten die Verhandlungen positiv abgeschlossen werden können, und mein Vater, der sie für die Unternehmerseite geführt hatte, berichtete darüber gleich vor dem Abendessen dem „Kanzler", wie wir ihn stets nannten, obwohl er schon wieder Präsident der Bundeskammer war.

Als wir beim Essen saßen, kam der Oberkellner und bat Raab zum Telefon. Raab ging hinaus, kam nach einigen Minuten zurück und setzte sich wieder zu Tisch. Was sich daraufhin abspielte, war so typisch für Raab, dass ich es im Detail berichten möchte: Raab sprach zunächst kein Wort, saß schweigend da und hörte dem inzwischen laufenden Gespräch zwischen seiner Frau, der erwähnten Schwester Gerarda, meinen Eltern und mir zu. Dann kam es zu einer Gesprächspause. Interessiert fragte ihn seine Frau: „Wer war's denn?" Darauf Raab: „Der Afritsch." Schweigen. Dann seine Frau: „Was hat er denn woll'n?" Raab: „Er hat mir erzählt, dass die Verhandlungen guat ausgegangen sind." Schweigen. Dann seine Frau: „Was hast ihm denn g'sagt?" Raab: „Sie san ein guater Minister."

Es fiel in diesem Gespräch kein Wort darüber, dass Raab den Inhalt des Kompromisses schon kannte, er beschränkte sich auf die Zustimmung und den erwähnten Satz – eigentlich eine Anmaßung eines Kammerpräsidenten gegenüber dem verhandlungsführenden Minister. Aber Afritsch fasste Raabs Reaktion überhaupt nicht so auf, sondern vielmehr als Anerkennung. Man schätzte und respektierte den „alten Raab" eben in sehr hohem Maße.

## „Des kannst ihnen net zumuten"

Die das gesamte innenpolitische Handeln Julius Raabs dominierende Grundhaltung war der selbstverständliche Respekt vor dem politischen Gegner und dessen Überzeugungen und Anliegen. Diese Grundeinstellung wurzelte in der während der Nazizeit entwickelten Überzeugung von der Wichtigkeit des Miteinander; sie war die entscheidende Voraussetzung für die vor allem von Johann Böhm und Julius Raab aufgebaute und gemeinsam gelebte Sozialpartnerschaft.

Diese hatte ihre erste Bewährungsprobe in den Lohn-Preis-Abkommen zu bestehen, mit denen eine Stabilisierung der Wirtschaft und des Lohnniveaus erreicht werden konnte. Bei diesen Verhandlungen kam es im Übrigen zum ersten Zusammentreffen mit Franz Olah: Die Lohn-Preis-Verhandlungen spielten sich so ab, dass die Präsidenten der Wirtschaftskammer und des ÖGB Raab und Böhm, die beiden Generalsekretäre und die wirtschaftspolitischen Referenten der beiden Institutionen in einem Sitzungszimmer im Keller der Bundeskammer saßen und die Vertreter der einzelnen Branchen im Halbstundentakt zu den Einzelverhandlungen kamen. Da kam man naturgemäß in Verzug. Der junge Sekretär der Bau- und Holzarbeitergewerkschaft Franz Olah hatte dafür überhaupt kein Verständnis und ging, nachdem er eine Zeit lang gewartet hatte und bevor er an der Reihe war, ins Beratungszimmer und regte sich über die Verzögerung auf. Worte wie „überflüssiges Herumsitzen, keine entsprechende Planung, Überheblichkeit der Großen" fielen, und Johann Böhm musste den jungen Sekretär beruhigen und wieder aus dem Zimmer hinausführen.

Als dann die Vertreter der Bau- und Holzarbeiter und ihre Arbeitgeber drankamen, ging Raab zur Tür und bat die

Gruppe mit den Worten herein: „No, Se Häferl, kumman S'
eina."

Das erzählte mir Olah einmal Anfang der Achtzigerjahre,
sichtlich noch damals stolz auf die Anerkennung, die er aus
diesen Worten herausgehört zu haben überzeugt war.

Dass die Sozialpartnerschaft damals so stark war, hatte seine Ursache natürlich auch im institutionellen Faktum, dass man
mit den Kollektivverträgen – und damit auch mit den Lohn-
Preis-Abkommen, die ja formal „General-Kollektivverträge"
waren – dem Alliierten Rat „auswich". Denn dessen Ein-
spruchsmöglichkeiten konzentrierten sich – wie schon an anderer Stelle erwähnt – nach dem Kontrollabkommen mit den vier
Besatzungsmächten auf die Gesetzgebung. Die große Bedeutung der Sozialpartnerschaft lag aber vor allem auch darin be-
gründet, dass Raab und Böhm in ihren beiden Organisationen so
absolut dominante Persönlichkeiten waren, dass das, was zwischen ihnen vereinbart wurde, auch „hielt". Raab und Böhm
verband, wie man weiß, partnerschaftliches Denken und die tief
wurzelnde Überzeugung, dass die gemeinsame Lösung letztlich
für alle die beste sei.

Das kommt sehr gut in einem „Sager" Johann Böhms
zum Ausdruck, in dem er die Bedeutung einer starken Wirtschaft für das Wohlergehen der Arbeitnehmer und die Wichtigkeit der „gemeinsamen Interessen" ansprach. Er lautete in
etwa, die Voraussetzung für funktionierende Unternehmen und
eine funktionierende Wirtschaft sei die Einigkeit „von Master
und Polier".

Viele Jahre später erkannte Raab – damals nach seiner
Zeit als Bundeskanzler wieder Präsident der Bundeswirt-

schaftskammer – wieder die Zeichen der Zeit, als er im „Raab-Olah-Abkommen" mit der Schaffung des Beirats für Wirtschafts- und Sozialfragen den Grundstein für eine Phase wissenschaftlich untermauerter, konsensorientierter Wirtschafts- und Sozialpolitik legte. Interessanterweise hat sich diese konsensorientierte Politik insbesondere auch in Zeiten bewährt, in denen es keine große Koalition mehr gab. Es existierte einfach eine institutionelle Plattform für Gespräche zwischen den Sozialpartnern, und es war Vorsorge dafür getroffen, dass in diesen Gesprächen sowohl die politisch maßgeblichen Funktionäre als auch die fachlich exzellenten Kenner beider Seiten eingebunden wurden. Man musste nicht für jedes Problem einen neuen „runden Tisch" erfinden.

Aus jener Zeit datiert eine Geschichte, die mir ein guter Freund erzählte, der damals ein ganz junger Referent in der Bundeskammer war. In einer sozialpolitischen Causa – welche es war, weiß ich nicht mehr – gab es Verhandlungen mit dem ÖGB. Raab akzeptierte darin relativ viele Abstriche von dem von der Bundeskammer vorgelegten und von meinem Freund ausgearbeiteten Konzept. Mein Freund war sehr enttäuscht. Raab muss das bemerkt haben, denn er ließ sich den jungen Mann am nächsten Tag in sein Büro kommen und versuchte ihm zu erklären, warum er nachgegeben habe. Und zu einem wesentlichen Punkt kommend, sagte er meinem Freund nur: „Des kannst ihnen net zumuten."

Ich glaube, dass ein Gespür dafür, was dem anderen zumutbar ist, letztlich Voraussetzung aller partnerschaftlichen Politik ist.


Den Politiker Julius Raab zeichneten Sachlichkeit, Realismus und Pragmatismus aus. Davon zeugt die Wirtschafts- und Sozialgeschichte Österreichs besser, als es jede persönli-

che Würdigung tun könnte. Ein kleines G'schichterl soll aber sozusagen „zum Drüberstreuen" erzählt werden, eines, das überdies unterstreicht, dass Raab zwar primär Wirtschaftspolitiker war, aber immer mehr auch Sozialpolitiker wurde. Diese sozialpolitische Dimension war wohl schon in seiner Freundschaft mit Leopold Kunschak und in seiner engen Beziehung zur Kolping-Bewegung angelegt und wurde durch die gelebte Sozialpartnerschaft verstärkt. Raab sah sich persönlich auch für die Sozialpolitik verantwortlich, was sich nicht zuletzt darin zeigte, dass er vonseiten der ÖVP das ASVG (unterstützt durch den ÖAAB-Abgeordneten Erwin Machunze und meinen Vater) selbst verhandelte. Chefverhandler aufseiten der Sozialistischen Partei war der bedeutende Gewerkschafter und Parlamentarier Friedrich Hillegeist.

Zwischen Hillegeist und meinem Vater entwickelte sich durch die Verhandlungen um das ASVG und durch die gemeinsame Funktionärstätigkeit in der Sozialversicherung (mein Vater war sowohl in der Pensionsversicherung der Angestellten wie im Hauptverband der Sozialversicherungsträger Stellvertreter von Friedrich Hillegeist) eine persönliche Freundschaft, die von einem hohen gegenseitigen Respekt getragen war. Hillegeist war es auch, der meinen Vater davon überzeugte, sich im Thermalbad Vöslau eine „Kabane" zu mieten, damit er am Wochenende öfter „in der guten Luft" sein könne und sich beim Schwimmen und Spazierengehen erholen könne. Mein Vater folgte diesem Rat tatsächlich, benutzte die Kabane allerdings hauptsächlich nach seiner Pensionierung; dann aber weniger als Ausgangspunkt für Spaziergänge als für Heurigenbesuche.

Aber ich schweife schon wieder ab: Ich wollte eine Geschichte erzählen, die im Zusammenhang mit der Sozialpolitik

den politischen Pragmatismus Julius Raabs und seine Ablehnung gegenüber pathetischen, vor allem aber gegenüber
„überkandidelten" Formulierungen zeigen soll: In der Euphorie
der Jahre nach 1955 sprach einmal ein „intellektueller" ÖVP-
Abgeordneter Raab auf die große Rolle an, die das durch die
selbstständige Entwicklung stark gewordene Österreich in der
zweiten Hälfte der Fünfzigerjahre für Europa spielen müsse
und sagte, dass es jetzt an der Zeit sei, „die spirituellen Aufgaben des Kerns Europas wieder zu erwecken", worauf Raab
antwortete: „Ja, ja, du hast ganz Recht; oba zuerst schaust,
dass die Verhandlungen zur ASVG-Novelle fertig werden."

## „Mir aa"

Dieses Kapitel, das uns den Politiker Julius Raab ein wenig näher bringen sollte, soll eine Anekdote aus den Staatsvertragsverhandlungen im April 1955 in Moskau ergänzen.

Zuvor möchte ich aber noch von einem für mich persönlich sehr beeindruckenden Erlebnis berichten, das einmal mehr
die politische Intuition Julius Raabs dokumentiert. Es ist eine
persönliche Erinnerung an unseren Weihnachtsbesuch bei
Raab zum Jahreswechsel 1954/1955. Wir besprachen gerade
das Scheitern der Berliner Staatsvertragsverhandlungen im
Jahr 1954, das Leopold Figl und mit ihm viele Österreicherinnen und Österreicher zutiefst enttäuscht hatte. Ich selbst war
schon als junger Mensch politisch interessiert und durch viele
Gespräche mit meinen Eltern wohl auch entsprechend informiert. Jedenfalls war auch ich über das Scheitern dieser
Staatsvertragsverhandlungen sehr traurig und sagte damals –
für damalige Verhältnisse vielleicht etwas vorlaut für einen
Vierzehnjährigen –, dass ich glaubte, eine solche Chance wür-

de lang nicht mehr kommen. Raab meinte dazu – ich erinnere mich, als ob es gestern gewesen wäre: „Wirst sehen, Karli, in einem Jahr haben wir den Staatsvertrag und die Russen sind weg."

Nun aber zu der dieses Kapitel abschließenden Geschichte: Als bei den Verhandlungen mit den Sowjets im April 1955 in Moskau über die Reparationszahlungen gesprochen wurde, verlangte Raab, die Zahlungen in Warenlieferungen leisten zu können. Das hatte man sich vorher in der Bundeskammer so überlegt. Und dieses Konzept war ganz entscheidend für den Wirtschaftsaufschwung der zweiten Hälfte der Fünfzigerjahre; merkwürdigerweise wird das in der österreichischen Wirtschaftsgeschichtsschreibung viel zu wenig gewürdigt. Denn alles, was an Reparationslieferungen an die Sowjetunion zu leisten war, kurbelte aufgrund dieser Vereinbarung die österreichische Wirtschaft an.

Die Sowjets stimmten dem Vorschlag Raabs nach einigem Zögern – insbesondere Molotow soll dagegen gewesen sein – zu. Chruschtschow meinte dann nach seiner Zustimmung, die Details solle über Nacht eine Unterkommission aushandeln, und nannte den stellvertretenden Ministerpräsidenten und Außenwirtschaftsminister Mikojan als Verhandlungsleiter für die Sowjets. Raab erklärte darauf, er werde die Unterdelegation Österreichs selbst führen.

Als mein Vater ihn Jahre später einmal fragte, ob das nicht riskant gewesen sei, nach einem Tag entscheidender Staatsvertragsverhandlungen und einem ausgiebigen Staatsbankett (bei dem es völlig unmöglich gewesen wäre, dem Wodka nicht zuzusprechen) die weitere Nacht durchzuverhandeln, wo es doch am nächsten Tag noch um ganz wesentliche inhaltliche Fragen zum Staatsvertrag gegangen sei, antwortete

Raab, er sei sich dessen durchaus bewusst gewesen, aber in der Delegation der Einzige, der die österreichische Wirtschaft gut genug kannte, um diese Verhandlungen zu führen. Und diese Verhandlungen seien die wirtschaftspolitisch wahrscheinlich bedeutendsten des Jahrzehnts gewesen. Mit all dem hatte Raab zweifellos Recht.

Bei den Verhandlungen kam es dann – so erzählte Raab damals – zu einer köstlichen Situation, die darauf schließen lässt, dass Mikojan den Auftrag hatte, über Nacht ein Ergebnis zustande zu bringen. Die österreichische Delegation legte verschiedene Listen von Warengruppen vor, mit deren Lieferung sie die Reparationszahlungen zu leisten beabsichtigte. (Die Listen waren vor der Reise nach Moskau in der Bundeskammer in Abstimmung mit den Fachorganisationen erarbeitet worden.) Dabei verlangte Raab, einen bestimmten Teil der Reparationslieferungen in Lederwaren leisten zu können. Mikojan lehnte zunächst schroff ab: Die Sowjetunion habe eine so große Lederwarenproduktion, dass sie Leder sogar exportieren müsse. Darauf Raab: „Mir aa." Ich weiß nicht, wie die Dolmetscher dieses „Mir aa" übersetzt haben – jedenfalls einigte man sich auf einen Kompromiss.

Das Verhältnis zwischen Raab und den führenden sowjetischen Politikern wäre einer eigenen Analyse wert. 1945 hatten die Sowjets Raab noch als Regierungsmitglied abgelehnt; nach seiner Bestellung zum Bundeskanzler sagte Raab den berühmt gewordenen Satz: „Wenn man von dem russischen Bären etwas will, darf man ihn nicht ununterbrochen unmotiviert in den Schwanz zwicken." Er nahm damit gegen jene Politiker Stellung, die sich immer wieder ganz einseitig an die Westmächte, insbesondere an die Amerikaner anlehnten, von ihnen den Staatsvertrag erhofften und – man war ja im Kalten

Krieg – der Meinung waren, durch kritische und spitze Bemerkungen gegen die Vertreter der Sowjetunion im Allgemeinen und jene in Österreich im Besonderen den Amerikanern eine Freude zu machen und sie in ihren Bemühungen um unseren Staatsvertrag zu unterstützen.

Im Zusammenhang mit den Staatsvertragsverhandlungen wurde das Verhältnis Raabs zu den Sowjets immer besser. Insbesondere zu Chruschtschow entwickelte sich eine ausgezeichnete persönliche Beziehung. Die beiden waren einander in vielen Punkten sehr ähnlich: Chruschtschow verfügte wie Raab über die Fähigkeit, Vertrauen einzuflößen, und über Handschlagsqualität. Beide Staatsmänner waren trotz ihrer Brummigkeit und ihres mitunter mürrischen Auftretens von direkter Offenheit gegenüber anderen, beide konnten ironisch, mitunter auch selbstironisch formulieren und eine Sache rasch auf den Punkt bringen. Das waren offenbar die Voraussetzungen dafür, dass sich zwischen den beiden Politikern eine gute, von gegenseitigem Respekt geprägte Beziehung, vielleicht sogar so etwas ähnliches wie eine freundschaftliche Atmosphäre entwickelte.

Das kam viele Jahre später bei einem Besuch von Chruschtschow in Wien zum Ausdruck. Raab war nach seiner Zeit als Bundeskanzler wieder Präsident der Bundeswirtschaftskammer, und Chruschtschow war zu einem Regierungsbesuch in Wien. Dabei stattete Chruschtschow Raab einen Besuch in der Bundeskammer ab und war sogar bereit, an einer außerordentlichen Kammervollversammlung teilzunehmen. Dabei kam es zu einer kleinen, berichtenswerten Episode: Als Chruschtschow am Präsidium sitzend sein Mikrofon einschalten wollte, um wie vorgesehen eine kurze Erklärung abzugeben, funktionierte etwas nicht, worauf Chruschtschow zwar nicht wie zuvor bei der Vollversammlung der Vereinten Nationen mit seinem Schuh auf den Tisch klopfte, aber immerhin laut und deutlich sagte: „Entweder ist diese westliche Mikrofonanlage kaputt oder ich verstehe als primitiver russischer Bär es nicht, sie zu bedienen." Dieser Satz enthält alles von der Anspielung auf den vorhin wiedergegebenen Raab-„Sager" bis zur Kritik an der westlichen Überheblichkeit.

Bei seinem Besuch in Wien brachte Chruschtschow übrigens für Raab persönliche Gastgeschenke mit, und zwar zehn Flaschen Wodka und zehn große Dosen Kaviar. Raab gab die Hälfte davon meinem Vater, und so kam auch ich in den Genuss dieses Kaviars – ich habe in meinem ganzen Leben nie wieder so einen hervorragenden Kaviar gegessen. Und auch der Wodka war von unbeschreiblicher Qualität; er trank sich wie ein weicher Likör und brannte dann von unten herauf, sodass man seine Stärke wirklich erst einige Zeit nach dem Schluck merkte. Wer einmal die großartige Darstellung von Heinz Zednik als Fledermaus-Orlofsky gesehen hat, weiß, was ich meine.

## „Mir kommt kein Schmitz mehr in die Sozialpolitik"

Ich habe schon erwähnt, dass Raab die Kunst des knappen Bonmots, mit dem er reagierte, kommentierte und kritisierte, ganz hervorragend beherrschte. Auch hierfür habe ich noch einige Beispiele:

Anlässlich von Staatsvertrags-Nachverhandlungen, die Raab 1958 gemeinsam mit Bruno Pittermann in Moskau führ-

te, kam es zu der bekannt gewordenen Szene, in der Pittermann statt des Wodkas einen Orangensaft erbat. Das führte
natürlich zu hämischen Bemerkungen der sowjetischen Gastgeber, und einer von ihnen fragte Raab, ob er auch lieber einen
Orangensaft möge. Mit seiner Antwort „Das Safterl möcht' ich
nicht einmal in die Schuh' haben" verwirrte er nicht nur den
Dolmetscher, sondern hatte auch die Lacher auf seiner Seite.

Im latenten und immer wieder einmal aufgeflackerten
Konflikt zwischen Architekten und Baumeistern, bei dem es
um die Frage ging, ob und wie weit die Baumeister auch pla-
nen dürften, nahm Raab – als ehemaliger Baumeister – eben-
falls einmal deutlich Stellung: „Wenn der Prandtauer für das
Melk einen Architekten gebraucht hätt', schauert das liab aus."
Das war originell formuliert und lenkte davon ab, dass man
Jakob Prandtauer heute wohl eher als Architekten denn als
Baumeister einstufen würde.

Berühmt geworden ist auch die Sentenz, die Raab einmal
über das Parlament geäußert hat und die nur verständlich ist,
wenn man weiß, wie sehr Raab Sachpolitiker war und wie
wenig er für „Zum-Fenster-hinaus-Reden" übrig hatte: „Wenn
ein Abgeordneter im Plenum nichts red't, glauben die Leute,
er versteht nix; wenn er was red't, wissen sie 's."

Das nächste G'schichterl dokumentiert einen Augenblick,
der für die spätere wirtschafts- und sozialpolitische Entwicklung Österreichs durchaus von Bedeutung war. Hans Schmitz,
aus der christlich-sozialen, sozialpolitisch sehr engagierten
Familie Schmitz stammend, damals Generaldirektor der Pen-
sionsversicherungsanstalt der Angestellten, sprach einmal
meinen Vater darauf an, dass sein Sohn Wolfgang gerne in der

Bundeskammer arbeiten wolle. Raab war damals wieder Präsident der Bundeskammer, und mein Vater hatte als Generalsekretär täglich einen Termin mit ihm. Bei nächster Gelegenheit erzählte er Raab von dem Gespräch mit Schmitz und sagte: „Wir bräuchten ohnehin einen Juristen für die sozialpolitische Abteilung – soll ich mir den jungen Schmitz anschauen?" Darauf Raab: „Mir kommt kein Schmitz mehr in die Sozialpolitik."

Wolfgang Schmitz wurde einige Zeit später als Mitarbeiter der wirtschaftspolitischen Abteilung der Bundeskammer engagiert, und das war die Basis für seine spätere Karriere als Finanzpolitiker. Ohne den „Sager" von Raab wäre Schmitz wohl auch nie – übrigens als Nachfolger meines Vaters – Finanzminister und später Präsident der Nationalbank geworden.

Hier ist vielleicht die passende Gelegenheit, einige ganz wenige Sätze über das Verhältnis Raabs zu meinem Vater zu verlieren, das durch ein hohes gegenseitiges Vertrauen geprägt war. Auch das möchte ich mit einem G'schichterl aus dieser Zeit illustrieren. Eines Tages konnte mein Vater ein ihm sehr wichtig erscheinendes Anliegen in einer Verhandlungsrunde von Unternehmervertretern nicht durchsetzen und meinte, er müsse die Autorität Raabs ins Spiel bringen. Er sagte: „Und außerdem will das auch der Raab so." Das gab dann wohl auch den Ausschlag für die von meinem Vater angestrebte Entscheidung, denn schon die Berufung auf den Namen Raabs gab einem Vorschlag zusätzliche Autorität.

Bei einem der nächsten Gespräche zwischen Raab und meinem Vater kam die Sache zur Sprache, und Raab sagte zu meinem Vater, er könne sich überhaupt nicht mehr erinnern, in dieser Sache eine Meinung geäußert zu haben. Er hatte Recht: Mein Vater hatte wirklich vergessen, Raab über den Vorgang

zu informieren. Das war meinem Vater natürlich sehr unangenehm, und er entschuldigte sich und erklärte, dass er geglaubt
habe, die Entscheidung anders nicht durchsetzen zu können.
Natürlich hätte er das sofort erzählen sollen, fuhr er fort, aber
Raab unterbrach ihn: „Ist schon Recht und es ist ja auch ganz
richtig, was du meinst. Ich hab' nur geglaubt, ich wär schon so
verkalkt, dass ich mir nix mehr merk'."

Nur in einem einzigen Punkt gab es Spannungen zwischen meinem Vater und Raab. Raab, der so lange er konnte
Virginia-Zigarren rauchte, sagte zu meinem Vater, der in seiner aktiven Zeit sehr große Mengen von einfachen, aber relativ
starken österreichischen Zigaretten – so genannte „Beuschel-
reißer" – rauchte, einmal: „G'wöhn dir endlich das Buama-
Rauchen ab."

# Bruno Kreisky

Die herausragendste Persönlichkeit in der nächsten Phase
des Wiederaufbaus Österreichs war zweifellos Bruno Kreisky,
ein Staatsmann von enormer Gestaltungskraft. Seine politische
Arbeit war sowohl in der Außenpolitik als auch in der Innen-
politik, in der es ihm primär um gesellschaftspolitische Grund-
fragen ging, auf längerfristige Veränderung gerichtet.

Kreisky war ein Politiker mit unglaublich vielen Facetten.
Sein Weitblick war bewundernswert, seine Toleranz, die im
Respekt vor anderen Menschen und ihren Meinungen zum
Ausdruck kam, war – jedenfalls in den ersten Jahrzehnten
seiner politischen Tätigkeit – groß. (Allerdings hatte er für
Menschen ohne eigene Meinung wenig Respekt; sie setzte er
zwar ein, schätzte sie aber nicht.) Seine eigene Meinung bilde-

Der Journalistenkanzler, 1973 (Kreisky)

te sich Kreisky, der viel las und noch mehr diskutierte, letztlich doch sehr selbstständig; aber die Basis für die Meinungsbildung war ungeheuer breit.

Seine Gabe, mit den und über die Medien politisch tätig zu sein, ist vielfach beschrieben und kommentiert worden. Vielleicht ist dabei nicht ausreichend bedacht worden, dass Kreisky seine vielen Kontakte mit den Medien vornehmlich im Interesse der Realisierung längerfristiger Ziele einsetzte. Es ging ihm nicht um den Medienauftritt und die Medienpräsenz, ihm ging es primär um das Abtasten der öffentlichen Meinung und deren Vorbereitung auf Entwicklungen, die er anstrebte.

Sehr wichtig war Kreisky die Pflege von persönlichen Kontakten, einerseits, um eine Atmosphäre menschlicher Verbundenheit aufzubauen, und andererseits, um die Meinung kritischer Menschen (zu allgemeinen Fragen und zu seiner Politik) kennen lernen zu können. Großen Wert legte er darauf, Ebenen des politischen Gesprächs zu erhalten und zu pflegen, wohl nicht zuletzt, weil er überzeugt war, auf der Basis persönlich guter Beziehungen die angestrebten gesellschaftspolitischen Änderungen besser erreichen zu können.

Für einige G'schichterln in diesem Zusammenhang ist mein Vater, der mit Kreisky befreundet war, Gewährsmann; zum Teil kann ich aus eigenem Erleben berichten, da ich Kreisky seit den Sommerurlauben am Weißensee in den Sechzigerjahren auch persönlich gut gekannt habe. Meine Eltern und ich sowie das Ehepaar Kreisky (und übrigens auch der damalige Nationalbankpräsident Reinhard Kamitz und seine Familie und in einer Dependance auch Franz Olah und seine Frau) waren durch Zufall zur selben Zeit Gäste im selben Hotel am Weißensee.

## Zum Friseur nach Techendorf

Im Jahr 1963 waren meine Eltern – mein Vater war damals Finanzminister und Bruno Kreisky gehörte derselben Regierung als Außenminister an – ohne mich an den Weißensee gefahren; ich hatte im Juli meine Promotion gefeiert und meine Eltern hatten mir als Promotionsgeschenk drei Karten für Aufführungen bei den Salzburger Festspielen geschenkt. Ich fuhr also zuerst nach Salzburg und kam erst später in den Urlaub zu meinen Eltern nach. Meine Eltern – sie hatten weder einen Führerschein noch ein Auto – mussten sich also notgedrungen vom Chauffeur in den Urlaub fahren lassen, schickten den Fahrer aber am nächsten Tag wieder nach Wien und hatte einige Tage lang im Urlaub kein Auto zur Verfügung. Das Hotel, in dem meine Eltern und auch das Ehepaar Kreisky wohnten, lag einige Kilometer entfernt von Techendorf, dem zentralen Ort am Weißensee.

Nun beschloss mein Vater an einem trüben Vormittag, an dem das Wetter zum Baden nicht einlud, die Zeit zu nutzen und zum Friseur in den Ort zu fahren. Er studierte den Busfahrplan, stellte fest, dass es eine günstige Verbindung gab und ging zur Haltestelle vor dem Hotel. Dort wartete er auf den Bus, als Kreisky vorbeikam: „Was machst du da?" – „Ich wart' auf den Autobus; ich fahr' nach Techendorf." – „Was machst du in Techendorf?" – „Ich geh zum Friseur." – „Wart' ein bisserl, ich führ dich hin."

Mein Vater willigte gerne ein, und Kreisky holte seinen Rover. Mein Vater stieg ein, und Kreisky führte meinen Vater nach Techendorf zum Friseur. „Wird das lange dauern?", fragte Kreisky, als sie beim Friseur angekommen waren, blickte aber dann auf das schüttere Haar meines Vater und meinte:

„Eigentlich *kann* das gar nicht lange dauern. Ich wart' da vis-à-vis im Kaffeehaus; hol' mich dann, wenn du fertig bist."

Mein Vater hat natürlich versucht, ihm dieses besondere Entgegenkommen noch auszureden, und gemeint, er könne ja von Techendorf aus auch mit dem Bus nach Hause fahren, oder wenn es keinen geeigneten Bus gäbe, mit dem Taxi. Aber Kreisky ließ sich nicht davon abbringen, auf meinen Vater zu warten.

Ich wollte diese Geschichte erzählen, vor allem um das Atmosphärische, die zwischenmenschlichen Beziehungen zwischen Repräsentanten unterschiedlicher gesellschaftspolitischer Grundanschauungen zur damaligen Zeit im Allgemeinen aufzuzeigen – und im Speziellen auf die Persönlichkeit des Bruno Kreisky bezogen.

Zu einem solchen freundschaftlichen Verhältnis gehört natürlich auch, dass man sich bei Gelegenheit ein bisserl „pflanzt". Auch dazu fällt mir noch ein G'schichterl vom Urlaub am Weißensee ein:

Eines Tages – meine Eltern und ich saßen beim Frühstück – kam Kreisky in den Frühstücksraum, legte meinem Vater einen „Kurier" auf den Tisch, in dem die Seite 2 aufgeschlagen war, deutete auf die Überschrift eines Artikels, sagte: „Das sind halt noch ordentliche Verhältnisse!" und ging wortlos wieder weg. Die Überschrift lautete: „Persien: Schah verprügelt seinen Finanzminister wegen zu hohen Defizits."

Zwei zu null, 1970 (Withalm, Kreisky)

## „*Was hältst du von meiner Regierung?*"

Als Kreisky nach dem Wahlsieg 1970 seine (Allein-)Regierung – und zwar zunächst als Minderheitsregierung und dann, nach Erringung der absoluten Mehrheit im Parlament, als Mehrheitsregierung – gebildet hatte, war er sehr darum bemüht, die Gesprächsplattform der Sozialpartnerschaft zu bewahren. Er wusste genau, dass es dazu erforderlich war, auch eine gute persönliche Atmosphäre insbesondere zu den Unternehmervertretern aufzubauen. So sprach er eines Tages meinen Vater an und sagte: „Kannst du meine Frau und mich nicht einmal privat mit den Sallingers einladen?" Selbstverständlich war mein Vater dazu bereit, und es bedurfte gar nicht vieler Worte, um zu wissen, welchen Sinn dieser Abend haben sollte.

Ich wohnte damals nicht mehr bei meinen Eltern. Daher war ich auch bei der Abendeinladung nicht dabei. Dies wiederum irritierte meinen Vater, der sich durch viele Jahre hindurch als Gastgeber daran gewöhnt hatte, dass ich die Betreuung der Gäste mit Getränken übernahm. Er war es einfach nicht gewohnt, Wein nachzuschenken, nach Mineralwasserbedarf zu fragen usw. Meine Mutter musste ihn an diesem Abend daher immer daran erinnern und sagte: „Franzl, schau, der Kanzler/der Rudi usw. hat keinen Wein mehr." Mein Vater stand dann selbstverständlich auf und schenkte nach. Als sich das zum dritten Mal wiederholte, schaltete sich Kreisky ein: „Das kannst du nicht; lass mich das machen." Er stand auf und übernahm ab diesem Zeitpunkt die Gastgeberpflichten. Meine Mutter meinte zu meinem Vater nur: „Siehst, so übernimmt der Kanzler die Aufgaben vom Buam."

Aus der Zeit nach der Regierungsbildung Kreiskys stammt ein weiteres G'schichterl, das ich unbedingt erzählen muss.

Im Sommer 1970 – also knapp nach Bildung der SPÖ-Alleinregierung, die damals noch eine Minderheitsregierung mit „Duldung" durch die FPÖ war – verbrachten meine Eltern ihren Urlaub in Pörtschach am Wörthersee. Meine Eltern pflegten nach dem Nachtmahl bei ihrem abendlichen Spaziergang in ein Promenadencafé zu gehen und dort noch ein Glas Wein zu trinken und zu plaudern. Kreisky kam mit seinem Sekretär vorbei, sah meine Eltern, verabschiedete sich vom Sekretär und setzte sich zu meinen Eltern. Eine seiner ersten Fragen an meinen Vater war: „Sag, was hältst du von meiner Regierung?" Mein Vater erinnerte sich an ein Gespräch, das er nur wenige Tage zuvor mit dem mit ihm befreundeten Wiener Exportkaufmann Stefan Landau geführt hatte, einem jener Originale, die – hätten sie einige Jahrzehnte früher gelebt – mit ihren großartigen Formulierungen in die „Tante Jolesch" Aufnahme gefunden hätten, und sagte: „Weißt du, ich habe einen guten Freund, der hat unlängst gesagt: ‚Der Kreisky hat in seiner Regierung mehr Nazis als der Seyß-Inquart gehabt hat'." Kreisky blickte kurz vor sich hin und sagte dann in unnachahmlicher Art: „So arg ist es nicht", wobei er das „so" in besonderer Weise betonte. Auf die anschließende Frage, was mein Vater im Speziellen vom Androsch halte, antwortete mein Vater – offenbar um eine Antwort und doch auch keine zu geben: „Der beste Finanzminister seit dem Korinek." Kreisky verstand und wechselte das Thema.

## „*Wie lange hältst du deine Enkerln aus?*"

Einige Jahre später – mein Vater war inzwischen längst in Pension und übte keinerlei Funktion mehr aus – kam es wieder zu einem privaten abendlichen Zusammentreffen zwischen Kreisky und meinen Eltern. Kreisky erkundigte sich bei meinem Vater vor allem über Privates. Er begann das Gespräch mit dem Wort „Sag einmal, wie lang hältst du deine Enkerln aus?" Mein Vater antwortete ihm, dass er gerne mit den Enkerln zusammen sei, insbesondere erzähle er ihnen gerne etwas, aber so nach einem halben Tag sei er schon ganz froh, wenn sie wieder fort seien. Kreisky meinte nur: „So lange? Was über eine halbe Stunde hinausgeht, ist anstrengend." Dabei betonte er wieder das „so", aber natürlich anders als im vorherigen G'schichterl.

Bei diesem Gespräch erkundigte sich Kreisky auch nach dem Lebensrhythmus meines Vaters, offenbar, um sich einmal vorstellen zu können, was man als Pensionist den ganzen Tag so tut. Mein Vater erklärte ihm, dass er in der Früh in Ruhe lange Zeit im Badezimmer verbringe, dass er dann mit meiner Mutter frühstücke, die Zeitung lese, sich dann zum Schreibtisch setze und ein bisschen lese. So gegen elf Uhr fahre er mit der Straßenbahn nach Schönbrunn, um dort spazieren zu gehen. Kreisky unterbrach: „Wie fahrst du nach Schönbrunn?" – er wusste, dass meine Eltern im VI. Bezirk in der Esterházygasse wohnten. Darauf sagte mein Vater: „Ich geh zum Dreizehner, fahre bis zur Stadtbahn (heute U4-Station Pilgramgasse) und fahr' nach Schönbrunn zum Meidlinger Tor." Kreisky unterbrach: „A komischer Mensch bist du; hast den Achtundfünfziger vor der Tür und fahrst mit dem Dreizehner."

Ich finde die Geschichte schon bis hierher so nett, dass ich sie – letztlich wieder in Erinnerung an die „Tante Jolesch" – aufgenommen habe; sie geht aber natürlich noch weiter:

Mein Vater erzählte also, dass er dann seinen Spaziergang durch Schönbrunn mache und von Hietzing aus mit dem Achtundfünfziger nach Hause fahre. Dann käme das Mittagessen, das seine Frau inzwischen gekocht habe. Dann lege er sich zu einem Mittagsschläfchen nieder; danach trinke er einen Kaffee, lese wieder etwas und am Abend spiele er mit seiner Frau Karten. Kreisky nahm die Schilderung – offensichtlich verwundert über die geringen Aktivitäten meines Vaters – zur Kenntnis und fragte nach einer kurzen Pause: „Und was machst du am Sonntag?" – „Am Sonntag rast' ich mich aus."

# Franz Olah

Eine weitere immens wichtige Persönlichkeit des Wiederaufbaus Österreichs war Franz Olah, Gewerkschaftsbundpräsident nach Johann Böhm und wie dieser Zweiter Präsident des Nationalrats. Die Funktionen des Nationalratspräsidenten und des Gewerkschaftsbundpräsidenten waren in Österreich durch Jahrzehnte hindurch traditionellerweise verbunden. Das blieb auch so, als Anton Benya Nachfolger Olahs wurde; auch er war – zunächst Zweiter und dann Erster – Präsident des Nationalrats.

Man weiß um die historischen Verdienste Franz Olahs bei der Niederschlagung des kommunistischen Putschversuchs im Jahr 1950. Man weiß um die Bedeutung Olahs am Aufbau der Sozialpartnerschaft noch unter Gewerkschaftsbundpräsidenten Böhm (dass Olah schon am 5. „Lohn- und Preis-Abkommen" mitgewirkt hat, habe ich bereits erwähnt) und man weiß auch um die große Leistung für die Wiederbelebung der damals nicht besonders aktiven Sozialpartnerschaft Anfang der Sechzigerjahre („Raab-Olah-Abkommen" zur Reform der „Paritätischen Kommission"). Man weiß um den Konflikt Olahs mit führenden Persönlichkeiten der SPÖ Mitte der Sechzigerjahre, den er zweifellos in Überschätzung seiner eigenen Möglichkeiten und seiner politischen Kraft vom Zaune brach und der scheitern musste, weil er sich gleichzeitig gegen Bruno Pittermann wie auch gegen die dogmatische Linke in der SPÖ wandte. Man weiß um manches andere und insbesondere auch um die Verdienste Franz Olahs im Zusammenhang mit der Versöhnung von SPÖ und katholischer Kirche: Bei der Feier seines 90. Geburtstags in Baden, bei der meine Frau und ich dabei sein konnten, hielt Kardinal König – dieses Verdienst besonders würdigend – eine der Geburtstagsreden.

Relativ wenig bekannt sind andere Facetten seiner vielschichtigen Persönlichkeit; auch sie ins Bewusstsein zu rücken, ist der Zweck folgenden Berichts über zwei Begebenheiten.

## *Unkomplizierte Sozialpartnereinigung*

Die Geschichte spielt Anfang der Sechzigerjahre: Franz Olah war Präsident des ÖGB, mein Vater Generalsekretär der Bundeswirtschaftskammer. Und beide waren zufällig (ich habe das schon im Zusammenhang mit Bruno Kreisky erwähnt) gleichzeitig am Weißensee auf Urlaub. Ich selbst war damals ein 21-jähriger Student, der seine Eltern in den Ferien auf den Sommerurlaub begleiten durfte. Weder Franz Olah noch mein Vater besaß damals ein eigenes Auto. Meine Eltern und ich waren gemeinsam mit meinem Auto – einem Peugeot 403 –

Der Wilderer, 1964 (Olah)

auf Urlaub gefahren, Olah mit seinem Dienstwagen; er hatte aber den Chauffeur gleich wieder nach Hause geschickt.

Da brach mitten im Sommer ein Konflikt zwischen Unternehmern und Arbeitnehmern aus, und der damalige Bundeskanzler Alfons Gorbach glaubte, eine Sitzung der Paritätischen Kommission einberufen zu müssen. Die Paritätische Kommission, die wichtigste Institution der Sozialpartnerschaft der damaligen Zeit – sie bestand aus Vertretern der vier großen Sozialpartnerverbände und einigen Regierungsmitgliedern –, stand unter dem Vorsitz des Bundeskanzlers. Olah und mein Vater überredeten Gorbach telefonisch, die Sitzung wenigstens nicht in Wien, sondern in Kärnten abzuhalten, und so berief Gorbach die Paritätische Kommission nach Warmbad Villach ein.

Als es soweit war, meinte Olah zu meinem Vater, es sei doch nicht sinnvoll, dass sich beide Herren Autos kommen ließen und denselben Weg mit zwei verschiedenen Autos zurücklegten. Man solle vielmehr gemeinsam nach Warmbad Villach fahren. Mein Vater willigte sofort ein und bot an, sein Sohn könne ja die beiden Herren mit seinem Auto nach Warmbad Villach und zurück chauffieren. Ich war, als mir mein Vater das erzählte, selbstverständlich gerne dazu bereit, und auch Olah vertraute sich mir an, indem er meinem Vater sagte: „Wunderbar, da brauchen wir überhaupt keinen Dienstwagen und keinen Chauffeur; geben Sie halt Ihrem Sohn ein ordentliches Trinkgeld." Das lehnte mein Vater freilich mit der Bemerkung ab, dass er mir ohnedies den Urlaub finanziere.

Ich fuhr also in der Früh mit Olah und meinem Vater, die im Fond des Wagens Platz genommen hatten, vom Weißensee Richtung Warmbad Villach. Die beiden Herren hatten sich natürlich schon anhand von Unterlagen vorbereitet und begannen sofort über die Sache zu sprechen; auf halbem Weg waren sie sich einig. In Warmbad Villach angekommen, sagte Olah zu mir: „Bleiben S' gleich da; wir sind in 20 Minuten fertig." Und so war es auch. Nicht viel mehr als eine Viertelstunde wartete ich mit meinem Peugeot mitten unter den Staatskarossen und deren Chauffeuren; dann kamen die beiden Herren aus dem Hotel, in dem die Sitzung stattgefunden hatte, verabschiedeten sich von einigen anderen Persönlichkeiten, stiegen in mein Auto und wir fuhren wieder Richtung Weißensee. Als ich im Auto bemerkte, dass das aber sehr schnell gegangen sei, antwortete Olah: „Am längsten hat der Gorbach gebraucht – zum Begrüßen und zum Zusammenfassen."

Für mich dokumentiert diese Geschichte, wie unkompliziert und wie sachorientiert Franz Olah als Gewerkschaftsführer agierte und einigen Jahren der österreichischen Sozialpartnerschaft auf diese Weise seinen Stempel aufdrückte.

## „Wie war's im Häf'n?"

Die zweite Geschichte, die ich hier erzählen möchte, spielte sich kurz nach der Haftentlassung Franz Olahs ab. Im Zusammenhang mit der Gründung der Kronen Zeitung fand ein Strafverfahren gegen Franz Olah statt, das mit dessen Verurteilung endete. Für Olah war es selbstverständlich, die umstrittene Gerichtsentscheidung – und zwar ohne jeden kritischen Kommentar – zur Kenntnis zu nehmen. Er versuchte auch durchaus nicht, einen Strafaufschub zu erreichen oder – was sicher viele andere in dieser Situation getan hätten – etwa mit Hinweis auf seine gesundheitlichen Probleme – er hatte sich im KZ eine sehr üble Venenerkrankung beider Beine zugezogen, an der er bis heute laboriert – der Haft auszuweichen. Dieses konsequente Einstehen für das, was man getan hat, ist eine für Olah ganz typische Charaktereigenschaft.

Kurz nach der Haftentlassung kam es zu der Begebenheit, von der ich berichten möchte: Meine Eltern hatten das Ehepaar Olah zu einem Abendessen eingeladen, und ich durfte dabei sein. Mein Vater, der die Gabe hatte, immer rasch zur Sache zu kommen und damit auch unangenehme, im Raum stehende Fragen auszuräumen, fragte Olah schon beim Aperitif: „Also, wie war's im Häf'n?" Und Olah antwortete darauf mit einem Satz, den ich mein ganzes Leben nicht vergessen werde, weil er ein Lebensschicksal in all seinen Dimensionen und in gewisser Weise das ganze Jahrhundert in Österreich widerspiegelt; Olah sagte: „Wesentlich angenehmer als in Dachau, aber eigentlich unangenehmer als in Wöllersdorf." Auch in Wöllersdorf war er nämlich zur Zeit des autoritären Ständestaats angehalten gewesen.

Ein weiteres Gespräch während dieses Abendessens ist mir noch in Erinnerung. Es stand in zeitlicher Nähe zur damals bevorstehenden Bundespräsidentenwahl, bei der für die ÖVP Alfons Gorbach gegen den sozialistischen Kandidaten Franz Jonas antrat. Olah sagte, dass es für ihn selbstverständlich sei, Gorbach zu wählen; man habe sich im KZ ja schließlich das Versprechen gegeben, sich „nachher" gegenseitig zu unterstützen. Und er erzählte in diesem Zusammenhang jene Geschichte aus Dachau, über die ich im Kapitel über kleine und große Heldentaten in der Nazizeit schon berichtet habe.

An diese Geschichte und an den Mut dieser Menschen, den sie dokumentiert, musste ich denken, als ich einmal eine Formulierung eines ÖVP-Politikers las, der den damaligen

Bundeskanzler Dr. Gorbach wegen der seiner Ansicht nach zu freundlichen Haltung gegenüber Olah kritisierte. Gorbach sagte damals nur, man müsse Olah und ihn im KZ erlebt haben, um über sie beide urteilen zu können.

# IV. „Hab'n S' noch a bisserl Zeit?"

„Hab'n S' noch a bisserl Zeit?", fragte Maxi Böhm bei seinen großartigen „Einmann-Auftritten" – heute würde man „Entertainments" sagen – häufig das Publikum, wenn er noch etwas zum Besten geben wollte, was nicht so recht zur Struktur der letzten Geschichten passte, er aber dennoch gerne erzählen wollte.

Ich möchte mich dieser Technik Maxi Böhms bedienen, um noch einige G'schichterln zu erzählen, von einigen Politikern der Aufbaugeneration etwa, von einigen „Originalen", die ich kennen gelernt habe, aber auch von der einen oder anderen charakteristischen Begebenheit und vor allem von köstlichen Formulierungen, mit denen oft sehr Kluges originell ausgedrückt wurde. Ich glaube, dass auch diese G'schichterln es wert sind, aufgeschrieben zu werden.

## Budgetbeschluss ohne Finanzminister

Mein Vater war in den Jahren 1963 und 1964 Finanzminister in der Regierung „Gorbach II". Aus dieser Zeit möchte ich deshalb gerne einige G'schichterln erzählen, weil sie ein durchaus charakteristisches Licht auf die damals agierenden Persönlichkeiten und den damaligen Stil der Politik werfen.

Das Zustandekommen des Budgets 1964 erlebte ich mit meiner Mutter so: Wir warteten am Abend auf meinen Vater,

„Stier"-Kämpfe, 1963 (Korinek)

der bei den letzten Budgetverhandlungen im Kanzleramt war; er hatte uns erklärt, dass es sich nur mehr um einige wenige sperrige Punkte handle, bei denen es sich spieße – es ging um zusätzliche Forderungen des Innenministers Olah zur Finanzierung von – von ihm für effizienter gehaltenen – Erhebungsmöglichkeiten, um zusätzliche Forderungen des Landwirtschaftsministers Hartmann nach Aufstockung bestimmter Agrarförderungen und um zusätzliche Forderungen des Sozialministers Anton Proksch zur Verbesserung einiger sozialpolitischer Leistungen. Gegen Mitternacht kam mein Vater sichtlich erschöpft und enttäuscht nach Hause und erklärte uns, die Verhandlungen seien gescheitert; die Regierung habe sich auf kein Budget einigen können. Zwar hätten Hartmann und Olah im Wesentlichen für die Budgetsituation Verständnis gezeigt und man habe sich auf diesen Gebieten geeinigt, Proksch aber habe sich „überhaupt nicht bewegt". Schließlich habe mein Vater gesagt: „So geht das nicht; das hat keinen Sinn; gute Nacht, meine Herren", und habe die Sitzung verlassen.

Auf meine interessierte Frage nach den rechtlichen Konsequenzen dieses Verhaltens – ich war ja immerhin seit einigen Monaten promovierter Jurist – bekam ich keine befriedigende Antwort. Ich fragte etwa, ob das jetzt ein Rücktritt war und welche Konsequenzen das Verhalten meines Vaters habe. Er sagte nur müde: „Das weiß ich nicht; ich geh jetzt schlafen." Dann überlegte er sich's und begann mit mir doch ein inhaltliches Gespräch. Nach einigen Minuten rief jedoch sein Freund Heinrich Drimmel, der in der Regierung die Funktion des Unterrichtsministers bekleidete, an und erzählte ihm, man habe sich unter dem Eindruck seines Verhaltens doch in allen Punkten geeinigt, Proksch habe seine Forderungen mit dem Argument zurückgenommen: „Wenn wir an anderen Finanzminister kriegen, ist es noch schlechter." Mein Vater ging – doch sichtlich erleichtert – schlafen.

Am nächsten Vormittag bei der dafür vorgesehenen Ministerratssitzung kam es dann ohne weitere Diskussionen zur einstimmigen Beschlussfassung. Die „taktische Meisterleistung" meines Vaters wurde vielfach gepriesen; dass es aber gar keine Taktik gewesen war, wussten (damals) nur meine Mutter und ich.

Nach dieser Ministerratssitzung kam es übrigens zu einer berichtenswerten Episode: Sozialminister Proksch bat, begleitet von seinem für Budgetfragen zuständigen Sektionschef, meinen Vater um ein Gespräch, an dem auch der Budget-Sektionschef im Finanzministerium Eduard Heilingsetzer teilnahm. Die drei Herren erklärten meinem Vater, dass man im Sozialkapitel des Budgets einen Posten von 2,5 Millionen Schilling übersehen habe, der in seiner Berechtigung völlig unbestritten sei; man müsse den Budgetbeschluss in diesem Punkte ändern. Mein Vater akzeptierte die Berechtigung der Forderung, lehnte aber ein neuerliches „Aufmachen" des Budgets ab, offensichtlich aus Angst, dass dann auch andere Punkte wieder neu diskutiert werden müssten. Er erklärte das seinem Ministerkollegen Proksch, was diesen naturgemäß nicht zufrieden stellte. Auch die Zusicherung meines Vaters, das Sozialministerium könne um die „vergessenen" 2,5 Millionen Schilling „überziehen", befriedigten Proksch nicht. „Na, eine solche mündliche Zusage ist mir zu wenig." Mein Vater fragte, ob Proksch seiner Zusage nicht traue. Darauf beeilte sich Proksch, das zu verneinen, und sagte etwa: „Herr Minister, Sie haben Ihre Zusagen immer eingehalten, wir wissen, dass wir uns darauf verlassen können. Aber was ist, wenn diese Vereinbarung vergessen wird?" Darauf mein Vater: „Wieso sollen wir denn das alle vier vergessen?" Proksch stotterte etwas und

108

sagte dann: „Aber ... aber wenn uns zum Beispiel alle vier der Schlag trifft." Darauf mein Vater: „Dann san mir die zweieinhalb Millionen aa wurscht." Es blieb bei der mündlichen Vereinbarung.

Von einer Episode möchte ich noch berichten, die mir mein Vater von einer Ministerratssitzung erzählt hat. Es war damals üblich, dass der Finanzminister neue Geldmünzen höheren Nennwerts, bevor sie ausgegeben wurden, den Kollegen im Ministerrat zeigte. Mein Vater ließ also einmal eine Münze zu diesem Zweck im Kreis herumgehen. Sie kam allerdings nicht bis zu ihm zurück, worauf mein Vater sagte: „Hallo, wo sind die zehn Schilling?" Er bekam keine Antwort, außer den gut gemeinten Hinweis des Bundeskanzlers: „So was ist aber auch wirklich leichtsinnig."

Mein Vater hat immer Drimmel in Verdacht gehabt, die zehn Schilling eingesteckt zu haben; dieser hat es meinem Vater gegenüber aber immer abgestritten, freilich – wie mein Vater meinte – „unglaubwürdig".

Schließlich möchte ich noch eine Geschichte erzählen, deren „Held" der damalige Vizekanzler Bruno Pittermann ist.

Die Geschichte zeichnet sich durch die Originalität des Einfalls aus, der fast schon von Qualtinger hätte sein können. Sie begab sich zur Zeit, als Pittermann Vizekanzler und mein Vater Finanzminister war. Beide waren große Fußballanhänger, nur war Pittermann als „Austria"-Fan besser dran als mein Vater, der – als alter Meidlinger Mittelschüler – Wacker-Anhänger war. Wacker – damals noch nicht mit Admira fusioniert – spielte damals in der zweiten Spielklasse, der damaligen „Regionalliga Ost".

An einem Sonntag spielte Wacker in Burgenland in der Meisterschaft gegen Siegendorf; meine Eltern fuhren mit mir (wieder einmal war ich der Chauffeur) nach Siegendorf, wo wir nach dem Spiel, das Wacker überraschend klar verloren hatte, noch burgenländische Freunde besuchten, bevor wir am Abend nach Hause fuhren.

Als mein Vater am Montagvormittag in sein Ministerium kam, herrschte große Aufregung. Auf die Frage nach der Ursache antwortete sein damaliger Kabinettchef, es gebe eine ganz dringende Nachricht des Vizekanzlers, man finde aber keinen „Vorakt" und wisse überhaupt nicht, worauf sich das Ganze beziehe. Mein Vater bat um das Eingangsstück, und man reichte ihm ein Telegramm, das Pittermann noch am Sonntagabend mit „Dringend – Staatsvorrang" telefonisch aufgegeben hatte. Darauf stand zu lesen: „Mit Schraubenproduktion in Siegendorf einverstanden. Beste Grüße Pittermann." (Im Jargon sprachen Fußballanhänger damals von Niederlagen als „Schraufen".)

Mein Vater konnte die besorgte Beamtenschaft „aufklären" und davon überzeugen, dass eine Antwort auf diese Depesche nicht erforderlich sei. Er rief Pittermann an und die beiden Fußballfanatiker plauderten einige Minuten über die aktuelle Situation „ihrer" Vereine.

## Alfons Gorbach

Alfons Gorbach war Steirer, ein Politiker der zweiten Ebene, auf den sich 1960 die Gruppe um Raab und Figl und eine Reformergruppe um den legendären steirischen Landeshauptmann Josef Krainer (der Vater des späteren Landeshauptmanns Krainer) als Nachfolger für den schwer erkrankten Raab als ÖVP-Bundesparteiobmann geeinigt hatte. Gorbach war Kriegsversehrter des Ersten Weltkriegs, schon in der Zwischenkriegszeit politisch tätig und war am 1. April 1945 mit dem ersten „Österreicher-Transport" ins Konzentrationslager Dachau gebracht worden. Seiner Persönlichkeitsstruktur nach und wohl auch infolge seiner persönlichen Geschichte war er ein Mann des Miteinander, der Zusammenarbeit und des Kompromisses. Als solcher konnte und wollte er wohl auch nicht den Vorstellungen und Erwartungen der „Reformer" ausreichend entsprechen, die ihn daher meist nur als „Übergangskanzler" betrachteten.

Am Abend blieb er gerne lange sitzen; er zückte dann oft zu später Stunde sein berühmtes (und auch gefürchtetes) „Witzbuch", um stundenlang Witze zu erzählen. Originell wirkte er, indem er seine Witze oft in der „Ich-Form", und das mit getragener Stimme, als wenn er Bedeutendes zu sagen hätte, erzählte. In Erinnerung ist mir etwa: „Da hab ich einmal den Chaloupka (das war der mächtige Präsidialsektionschef des Kanzleramtes, ein überzeugter CVer und lange Zeit der sicher einflussreichste österreichische Beamte) gefragt: ‚Sag, weißt du eigentlich, was der Unterschied zwischen einem Sektionschef und einem einfachen Menschen ist?' – ‚Gar keiner, nur weiß es der Sektionschef nicht.'" Oder: „Da habe ich einmal zu Hause in Wörschach ein Gulasch bestellt. Beim Essen finde ich ein Stück Autoreifen im Gulasch. Ich rufe den Wirt und sage ihm: ‚Herr Wirt, da ist ja ein Stück Autoreifen im Gulasch', worauf mir der Wirt antwortet: ‚Ja, ja, so ersetzt die Maschine das Pferd.'"

Auch Gorbach war – wie seine Vorgänger im Kanzleramt – ein einfacher Mensch ohne besondere Bedürfnisse. Seine körperlichen Probleme – insbesondere auch die, die ihm seine

112

Beinprothese machten – löste er mit großer Selbstdisziplin, ohne seine Umgebung zu behelligen. Er nahm alles, auch Schmerzen, „möglichst locker". Das war man gewohnt und wunderte sich nicht weiter. Aber eine Episode, die mir mein Vater erzählte, überschreitet doch das, was sich Menschen meiner Generation vorstellen können: Bei einer ÖVP-Klausurtagung am Semmering stürzte Gorbach am Weg zur abschließenden Pressekonferenz auf der Treppe, und seine Beinprothese zerbrach. Unter den Freunden, die sich daran machten, Gorbach zu helfen, war auch Georg Prader, ein niederösterreichischer ÖAAB-Politiker und späterer Verteidigungsminister in der Regierung Klaus. Prader hatte auch nur ein Bein und trug eine Prothese. Da hatte Gorbach eine Idee, wie er sein Missgeschick überspielen könnte – er hatte natürlich Sorge, dass die Berichterstattung über sein Bein jene über seine politischen Aussagen verdrängen könnte – und sagte: „Prader, borg mir dein' Fuß." Trotz aller Bedenken der Kollegen und Schwierigkeiten, die damit verbunden waren (Prader war kleiner und gedrungener als Gorbach und dementsprechend konnte die Prothese natürlich nicht wirklich passen), schnallte Prader seine Prothese ab, Gorbach legte sie mehr schlecht als recht an und humpelte zur Pressekonferenz.

Die Zeit der Regierung „Gorbach II" war eine Periode der Turbulenzen innerhalb der ÖVP. Josef Klaus war 1963 als Finanzminister zurückgetreten und bereitete – gemeinsam mit dem früheren Staatssekretär Dr. Hermann Withalm – die „Machtübernahme" für den nächsten Bundesparteitag der ÖVP vor. In der Art einer innenpolitischen Opposition trat er gegen die ÖVP-Ministerriege auf, der neben Gorbach und meinem Vater auch noch die Minister Drimmel, Hartmann, Schleinzer und Bock und die Staatssekretäre Steiner, Hetzenauer und Kotzina angehörten. Diese Gruppe bat Drimmel, sich als Gegenkandidaten aufstellen zu lassen. Der hatte damit zwar gar keine Freude, er ließ sich aber dazu überreden. Er unterließ es freilich, in irgendeiner Weise in der Phase vor dem Parteitag parteiintern um Unterstützung zu werben. Am Parteitag selbst hielt er zwar eine – wie viele erzählten – exzellente Rede, aber das war naturgemäß zu wenig und zu spät, um bereits vorher gebildete Gruppierungen entscheidend in ihrer Position zu verändern.

Manches könnte man zu all dem berichten, aber ich will ja nicht in „Ersatzmemoiren" abschweifen oder eine zeitgeschichtliche Betrachtung anstellen. Was für das Verständnis der folgenden Geschichte von Bedeutung ist, hat der Leser bereits gemerkt: Es existierte eine große Spannung zwischen der Regierungsmannschaft der ÖVP und der neuen Parteiführung mit Klaus und Withalm an der Spitze.

In Österreich findet der so genannte Ministerrat, also die regelmäßige Sitzung der Bundesregierung, seit Jahrzehnten immer am Dienstag statt – zu Zeiten der alten großen Koalition gab es unmittelbar davor eine Vorbesprechung. An der Vorbesprechung der ÖVP-Minister wollten seit ihrer Wahl an die Spitze der Partei natürlich auch Klaus und Withalm teilnehmen. Gorbach wollte und konnte das nicht verhindern, meinte aber zu seinen Regierungskollegen, man solle vor der Vorbesprechung allein miteinander reden können, um die Vorhaben und Entscheidungen offen „unter sich", also ohne Parteiaufsicht, diskutieren zu können. Um diese Vor-Vorbesprechung nicht zu sehr in die frühen Morgenstunden verlegen zu müssen, entschied man sich für den Vorabend des Sitzungstages, also für Montagabend. Die Besprechung fand immer sehr spät statt – wenn ich mich richtig erinnere, etwa um zehn Uhr abends –, weil die meisten Minister ja Abendverpflichtungen wahrzunehmen hatten.

Die Sitzung wurde durch einen Amtsdiener namens Hauser betreut, einen Mann, den Gorbach seit den KZ-Tagen kannte und der an diesen Abenden für alles zuständig war: Hatte ein Minister noch nichts gegessen, so brachte er Würstel; er versorgte die Besprechungsteilnehmer mit Getränken und bediente das Telefon. Gorbach trank am Abend gerne starke Getränke – nicht zuletzt, weil ihm seine Beinprothese Probleme machte und nach einem langen Tag auch Schmerzen bereitete. Mein Vater mochte keine starken Getränke und erbat sich immer ein Glas Wein – es wurden freilich meist mehrere. Da mein Vater leichte Weißweine präferierte, merkte er einmal leicht kritisch an, dass der von Gorbach angebotene doch ein sehr starker Wein sei. Worauf Gorbach antwortete: „Es gibt keine starken Weine – es gibt nur schwache Männer."

Bei einer solchen spätabendlichen „Vor-Vorbesprechung" geschah es einmal, dass in einer Sachfrage alle gegen einen Vorschlag von Gorbach Stellung bezogen – der Wortführer der Gegner war mein Vater. Als Gorbach nach längerer Diskussion sah, dass er sich nicht durchsetzen konnte, resignierte er und sagte zu seinem Amtsdiener: „Hauser, gib jedem der Herren eine Karte, dem Korinek gib zwei."

Darauf teilte Hauser die Karten aus; mein Vater schenkte mir bei „passender" Gelegenheit einmal eine davon. Ich halte sie in Ehren. Auf ihr steht folgender Text, den ich den Leser bitte, laut und getragen, also etwas pathetisch zu lesen, da nur so die Persönlichkeit Gorbachs entsprechend in Erscheinung tritt:

An jedem Tage meines Lebens erhöht sich zwangsläufig die Zahl derer, die mich am Arsch lecken können.

# Udo Illig

Ein heute weitgehend vergessener Wirtschaftspolitiker der Fünfzigerjahre war Udo Illig – Kammeramtsdirektor der Steiermärkischen Handelskammer und Handelsminister von 1953 bis 1956. Illig war als Handelsminister nicht nur für die Vorbereitung und Durchführung der wirtschaftlichen Bestimmungen des Staatsvertrags, sondern auch für den Wiederaufbau „von Burg und Oper" zuständig. Er hatte drei Doktorate erworben, eines davon aus Kunstgeschichte. Er war ein umfassend gebildeter Mann, was aber mitunter in einem Spannungsverhältnis zu seinem Redetalent stand. G'schichterln über Udo Illig sind vor allem im Zusammenhang mit seiner geradezu sprichwörtlichen Sparsamkeit berichtenswert; das Sympathische an Illig war dabei, dass er sich dieser seiner Eigenart voll bewusst war und sie mit beachtlicher Selbstironie pflegte. So sagte er einmal zu meinem Vater, als er mit ihm etwas in Ruhe besprechen und zu diesem Zweck gemeinsam mit ihm Essen gehen wollte: „Hast du übrige zwanzig Schilling?" Und als mein Vater dies bejahte: „Dann lade mich bitte zum Essen ein."

Zwei weitere G'schichterln über die Knausrigkeit des Udo Illig möchte ich gerne erzählen: Die erste spielt zur Zeit seiner Funktion als Handelsminister im Kabinett Raab. Raab sagte einmal zu Illig, der gern längere Haare trug: „Illig, lass dir die Haar' schneiden!" Darauf erwiderte Illig, nachdem er Raab seiner Loyalität versichert und betont hatte, dass er seinen Wünschen zumeist ganz entspreche: „Aber das geht zu weit. Da greifst du direkt in meine Persönlichkeitssphäre ein." Darauf Raab: „Lass dir die Haar' schneiden, ich zahl's." Illig darauf: „Ja, das ist etwas anderes."

Er nahm die Chance, sich auf Kosten des Bundeskanzlers die Haare schneiden zu lassen, auch tatsächlich wahr und ging zu seinem Friseur. Nach dem Haarschnitt sagte er nur: „Die Rechnung schicken Sie bitte an den Bundeskanzler." Der Friseur wollte sich aber darauf nicht einlassen und bestand auf Barzahlung. Wohl oder übel bezahlte der Minister, sandte aber dann die Rechnung an Raab mit der Bitte um Refundierung. Für Raab war der Spaß aber schon zu Ende. Er sagte zu seinem Sekretär nur: „Schick ihm zehn Groschen."

Diese ganze Geschichte erzählte Illig einmal meinem Vater und ergänzte: „Da habe ich die – damals übliche – Bearbeitungsgebühr von 30 Groschen auch noch zahlen müssen, sodass ich einen effektiven Schaden von 20 Groschen gehabt habe." Aber er habe das dem Finanzminister – das war damals Prof. Kamitz – erzählt, „der mir diesen Schaden umgehend aus seiner Privatschatulle ersetzt hat".

Die zweite Geschichte spielt viele Jahre später. Illig hatte sich schon seit längerem aus seinen aktiven politischen Funktionen zurückgezogen, das (damals desolate) Schloss Schlaining im Burgenland erworben und es übernommen, das Schloss zu restaurieren. Das tat er mit großem Engagement; er legte bei der Restaurierung – wie die Fachleute versicherten, mit Können und großer Geschicklichkeit – auch selbst Hand an. Auf diese Weise konnte er sich seinen künstlerischen und kunstgeschichtlichen Interessen entsprechend betätigen.

Mitunter zeigte er Interessenten auch das Schloss – freilich nur, wenn man sich angemeldet hatte und er gerade wollte –, und er erklärte dann auch seine Renovierungsarbeit, seine Sammlungstätigkeit und die Ergebnisse seiner Restaurationskunst. Einmal kam mein Vater mit seinen engsten Mitarbeiterinnen und Mitarbeitern auf Besuch – er hatte an einem Samstag zu einem gemeinsamen Ausflug eingeladen. Der Besuch war zwischen den beiden Freunden vereinbart worden, und Illig empfing die Gäste mit großer Freundlichkeit. Als er diese ins Schloss bat, kam ein deutsches Ehepaar vorbei, das gerne das Schloss besichtigt hätte und enttäuscht war, dass es sich um keine öffentlich zugängliche Sehenswürdigkeit handelte. Man kam ins Gespräch, und niemand hatte etwas dagegen, dass sich das deutsche Ehepaar der Führung anschloss – auch Illig nicht.

Illig führte kenntnisreich, freundlich und informativ – wie ein Profi. Am Schluss verabschiedete er sich von den deutschen Gästen – mein Vater und seine Begleitung blieben noch ein wenig im Schloss, in der Absicht, dann gemeinsam essen zu gehen. Als sich Illig also von dem deutschen Ehepaar verabschiedete, gab ihm der Mann ein Trinkgeld; seine Gattin sagte entsetzt: „Aber Egon, das ist ja der Minister selbst." Darauf Illig: „Zu spät!" Sicher war das selbstironisch gemeint, aber wohl nur zum Teil: Zurück gab Illig den Geldschein nicht mehr.

## Josef Staribacher

Die Geschichte, die ich über Josef Staribacher erzählen möchte, dokumentiert einerseits die freundschaftliche Atmosphäre, die bei aller sachlicher Gegnerschaft zwischen den Repräsentanten der Sozialpartner herrschte – und die ich für eine ganz wesentliche Voraussetzung für das Gelingen des Wiederaufbaus der Republik halte –, zum anderen gibt sie Kunde von der Schlagfertigkeit und Originalität Staribachers.

Josef Staribacher kam aus der Gewerkschaft der Lebens-
mittelarbeiter. Er war vor seiner Zeit als Handelsminister Sekretär der Arbeiterkammer und Abgeordneter zum Nationalrat.
Mit meinem Vater verband ihn ein freundschaftliches Verhältnis, das er mir gegenüber zweimal zum Ausdruck brachte:
Einmal, als er zum Begräbnis meines Vaters am Meidlinger
Friedhof kam und mir besonders herzliche und erinnerungs-
volle Worte sagte, und ein zweites Mal, als er meine Bemühungen um die Sammlung von Vergaberechtsvorschriften aus
seinem Ressort mit einem Begleitbrief unterstützte, in dem er
schrieb: „Selbstverständlich bin ich Ihnen bei Ihrem wissenschaftlichen Vorhaben behilflich – nicht nur, weil ich es für
wertvoll halte, sondern auch aus freundschaftlicher Verbundenheit mit Ihrem Vater."

Zwischen diesen beiden Freunden ergab sich im Rahmen
einer Sitzung des Beirats für Wirtschafts- und Sozialfragen der
Paritätischen Kommission – in der Staribacher die Arbeiter-
kammerriege und mein Vater die Riege der „Bundeskämme-
rer" anführte – einmal folgender Dialog. Wolfgang Schmitz
war damals Finanzminister, und es war ihm ein großes Anliegen, durchzusetzen, dass während eines laufenden Finanzjah-
res keine Beschlüsse gefasst würden, die qualitativ die Realisierung des Budgets in Frage stellen. Der Leiter der wirtschaftspolitischen Abteilung und Freund von Wolfgang
Schmitz Dr. Alfred Klose versuchte, eine entsprechende Emp-
fehlung des Beirats zu erreichen. Staribacher wollte offensichtlich nicht und antwortete Klose auf seinen Vortrag: „Ich
verstehe überhaupt nicht, was Sie hier meinen." Mein Vater,
der subjektiv davon überzeugt war, dass er sehr gut erklären
könne, ergriff das Wort und wiederholte den Vorschlag von
Klose. Staribacher antwortete ähnlich wie zuvor. Darauf versuchte es mein Vater nochmals und erklärte – bewusst einfa-

che Worte verwendend – das Anliegen neuerlich. Staribacher aber meinte zu meinem Vater wieder: „Tut mir leid, das verstehe ich nicht."

Da riss meinem Vater offenbar die Geduld, und er sagte zu Staribacher: „Wenn S' das nicht verstehen, dann haben S' an Defekt." Staribacher rang gekünstelt nach Luft, wiederholte zwei oder dreimal das Wort „Defekt", dazu murmelnd: „Das hat mir noch keiner gesagt", und replizierte dann, auf seine Stellung als Nationalratsabgeordneter anspielend – und deshalb ist die Geschichte erzählenswert –: „Aber mich können S' nicht beleidigen; ich bin immun."

Natürlich hatte er die Lacher auf seiner Seite, und den Vertretern der Bundeskammer fiel es sehr schwer, das Gespräch wieder ins Sachliche zu lenken.

## Köstliche „Sager" und kluge Gedanken

Zum Abschluss möchte ich noch einige Episoden erzählen, die nicht unmittelbar mit der Geschichte des österreichischen Wiederaufbaus oder den Persönlichkeiten, die ihn gestaltet haben, zusammenhängen, die mir aber dennoch erzählenswert erscheinen, zeugen sie doch von der Originalität und Schlagfertigkeit der handelnden Personen.

Lassen Sie mich mit einem „Sager" des ersten Generalsekretärs der Bundeskammer Dr. Anton Widmann beginnen, über den ich schon im Zusammenhang mit dem Schleichhandel ein G'schichterl erzählt habe. Widmann war mit einigen Bekannten, darunter mein Vater, in einem Restaurant zu Mittag essen; er war weder mit der Qualität des Essens noch mit dem Service zufrieden. Als es zum Zahlen kam, gab Widmann dem Ober das Geld und fragte: „Wissen Sie, wann ich zum letzten Mal in diesem Lokal war?" Der Ober sah ihn interessiert und vor allem fragend an. Darauf antwortete Widmann mit einem lapidaren „Heute". Kann man eine Kritik besser formulieren?

Eine köstliche Formulierung verdanke ich auch dem früheren Präsidenten der Bundeskammer Ing. Rudolf Sallinger. Ich wurde Mitte der Achtzigerjahre von einigen Personen angesprochen, ob ich nicht die Funktion des Präsidenten des Österreichischen Normungsinstituts übernehmen wolle; man hielt es für zweckmäßig, diese Position, die üblicherweise Repräsentanten der Wirtschaft innehaben, im Interesse einer breiteren Legitimation einmal einem Wissenschafter zu übertragen, der aber einen guten Kontakt zur Wirtschaft haben sollte. Ich erbat mir eine Überlegungszeit, sagte mich bei Sallinger an und fragte ihn sehr direkt, ob er das für sinnvoll halte. Sallinger, der für eine kritische Distanz zu Juristen bekannt war, überlegte kurz und sagte dann: „Immer die Juristen, immer die Juristen – jetzt wollen die Juristen sogar schon das Normungsinstitut übernehmen", und fuhr nach einer Pause fort: „Aber wissen S', die Technik hat sich unerhört auseinander entwickelt und kein Techniker versteht mehr alles. Und Sie, Sie verstehen wenigstens gar nix." Selten habe ich die Umschreibung eines Generalisten so plastisch formuliert gehört. Dann versicherte er mir, dass er meine Wahl sehr begrüßen würde. Viel später habe ich dann übrigens erfahren, dass Sallinger der eigentliche *spiritus rector* der Idee war – das hatte sich der schlaue Fuchs bei unserem Gespräch wirklich nicht anmerken lassen.

Einer der Politiker der so genannten Zweiten Republik, die am besten formulieren konnten, war Bruno Pittermann. Er war meines Erachtens der geborene Parlamentarier und hatte seine „stärkste Zeit" wohl auch im Parlament. Dort kam ihm seine Schlagfertigkeit und die feine Klinge seines sprachlichen Ausdrucks besonders zugute. Von einem „Sager" möchte ich gerne berichten:

Die Geschichte spielt bei einer Premiere im Theater in der Josefstadt. Der damalige Vizekanzler Dr. Bruno Pittermann war dort, der damalige Finanzminister Prof. Dr. Reinhard Kamitz mit seiner Frau und meine Eltern ebenfalls. Die Gattin des Finanzministers trug wie sehr oft ein Kleid mit großem Dekolleté. In der Pause der Vorstellung flüsterte Pittermann meinem Vater ins Ohr: „Schauen S', Herr Generalsekretär, die Frau des Finanzministers: das ungedeckte Defizit!"

Apropos formulieren. Einer der köstlichsten Formulierer der Nachkriegszeit in Österreich war Erzbischof-Koadjutor Dr. Franz Jachym. Er zelebrierte einmal am „Barbara-Tag" zu Ehren der heiligen Barbara, die ja die Schutzpatronin der Bergleute ist, einen Gottesdienst in der Seegrotte in der Hinterbrühl südlich von Wien. Die Seegrotte gehörte einem mit meinen Eltern gut bekannten Ehepaar, und diese Freunde luden den Bischof und einige prominente Gottesdienst-Teilnehmer sowie persönliche Bekannte nach der heiligen Messe zum Frühstück ein. Dabei waren auch der damalige Landeshauptmann-Stellvertreter von Niederösterreich, Viktor Müllner, meine Eltern und ich. Man saß in einer Sitzgarnitur rund um einen kleinen Tisch und plauderte. Meine Mutter bewunderte einen wunderschönen, kleinen gotischen Tischaltar, der sozusagen den Mittelpunkt des Zimmers bildete, und sagte zur Gastgeberin: „Der ist aber wunderschön! Ist der neu?" Worauf sich Jachym in das Gespräch einmischte und sagte: „Gnädige Frau, der ist nicht neu, der ist gotisch; aber vielleicht steht er erst seit kurzem da." Darauf antwortete ihm meine Mutter, sie habe bisher geglaubt, dass nur Juristen solche Bemerkungen machten und korrigierten, was ihm Zusammenhang ohnehin jeder richtig verstehe.

Aber das ist nur der Auftakt für die Geschichte, die ich eigentlich erzählen möchte: Viktor Müllner war damals schon sehr umstritten, man warf ihm unkorrektes Verhalten und die Vermischung seiner Funktionen in Staat, Partei und Wirtschaft vor – er wurde ja später auch gerichtlich verurteilt. Aber zu dem Zeitpunkt, zu dem das G'schichterl spielt, von dem ich hier berichte, waren all diese Vorwürfe noch unbewiesene Gerüchte. Aber sie waren eben da. Und in der besagten Runde sagte Viktor Müllner zu Franz Jachym: „Wissen Sie, Exzellenz, ich bin besser als mein Ruf." Darauf antwortete Jachym nur mit: „Hoffentlich!"

Das ist vielleicht der Platz, einige klug formulierte Lebensweisheiten zu dokumentieren, die ich meinem Vater verdanke:

„Österreich leidet darunter", sagte er einmal bei einem Vortrag, „dass so viele etwas werden wollen, aber so wenige das tun, wozu sie da sind." Dieser Ausspruch ist vor allem durch Herbert Schambeck, der sich bekanntlich als Wissenschafter und Politiker auch in vielen Vorträgen um die Aufgaben und das Handeln des Staats bemüht hat, tradiert worden.

Apropos: Prof. Schambeck macht sich seit Jahrzehnten um die katholische Kirche verdient, durch Vorträge auf nationaler und internationaler Ebene, wissenschaftliche Abhandlungen und Stellungnahmen und durch vielfache Vertretung des Heiligen Stuhls in der Weltpolitik. Dementsprechend hat er besonders gute Kontakte zum Heiligen Stuhl und zu dessen führenden Repräsentanten. Das muss ich vorausschicken, damit man das folgende G'schichterl versteht:

Mein Vater erklärte seinen Enkerln sehr gerne die verschiedensten Dinge, so einmal aus gegebenem Anlass auch die Regeln einer Papstwahl. Er erwähnte dabei unter anderem, dass jeder männliche getaufte Christ zum Papst gewählt werden könne, worauf mein Sohn Stephan – er war damals sechs Jahre alt – unterbrach: „Du auch, Opa?" Darauf mein Vater: „Ja – ich muss einmal mit dem Schambeck reden."

Den Abschluss dieses Büchleins soll ein G'schichterl bilden, dessen geradezu skurriler Schluss mir besonders gut gefällt. Die Geschichte spielt in einem Wiener Kaffeehaus, dem Café Gröpl am Anfang der Maxingstraße in Hietzing – heute eine BAWAG-Filiale mit einem angeschlossenen Café der Oberlaaer Konditorei. Ich möchte die Geschichte zum einen erzählen, weil ihr Gegenstand eine prominente Persönlichkeit der Weltpolitik ist, zum anderen aber auch, weil sie einen Wesenszug vieler Wiener Kaffeehaus-Ober illustriert, deren Bedürfnis nämlich, jedem Gast einen Titel zu geben. So wie zu meiner Studentenzeit, als ich mich mit Studienkollegen regelmäßig im Café Ritter in Mariahilf traf, um gemeinsam zu lernen; damals sprach uns der Ober schon nach zwei Jahren – wir hatten noch gar nicht lange die erste Staatsprüfung abgelegt – schon mit „Frau Doktor" bzw. „Herr Doktor" an.

Aber nun zu meiner Geschichte: Der frühere sowjetische Außenminister Wjatscheslaw M. Molotow, ein revolutionärer Kommunist der ersten Stunde – der eigentlich Skrjabin hieß, aber den Kampfnamen „Molotow" (von „molot", russ. „Hammer") angenommen hatte –, spielte während der Stalinzeit eine ganz bedeutende Rolle als harter Außenpolitiker und „Macher" im Kalten Krieg, wurde jedoch unter Chruschtschow abgesetzt und nach Sibirien „abgeschoben". Später wurde er wieder besser behandelt, man gab ihm – natürlich nur unbedeutende – Funktionen im diplomatischen Dienst (auf dem Höhepunkt seiner Macht hätte er eine solche „Säuberung" wohl gar nicht überlebt) und sandte ihn für die letzten Jahre seiner Tätigkeit nach Wien, wo er die UdSSR bei den Organisationen der Vereinten Nationen vertrat. Er wohnte in der Maxingstraße und ging regelmäßig ins Café Gröpl zum Frühstück. Es dauerte nicht allzu lange, bis ihn der Ober dort jeden Morgen mit einem freundlichen „Guten Morgen, Herr von Molotow" begrüßte.

# Namensregister

Proksch, Anton
Qualtinger, Helmut
Raab, Hermine
Raab, Julius
Reither, Josef
Renner, Karl
Resch, Poldi
Rohrhofer, Anton
Rossi, Opilio
Sallinger, Rudolf
Schambeck, Herbert
Schärf, Adolf
Schenk, Otto
Schibl, Adolf
Schier, Franz

Schleinzer, Karl
Schmitz, Hans
Schmitz, Wolfgang
Schuschnigg, Kurt
Seipel, Ignaz
Seyß-Inquart, Arthur
Stalin, Josef
Staribacher, Josef
Steinböck, Johann
Steiner, Ludwig
Torberg, Friedrich
Weinbacher, Jakob
Widmann, Anton
Withalm, Hermann
Zednik, Heinz